Ewald Frie

Ein Hof und elf Geschwister

Zuchtbullen für die monatliche Auktion, Kühe und Schweine auf der Weide, Pferde vor dem Pflug, ein Garten für die Vorratshaltung – der Hof einträglich bewirtschaftet von Eltern, Kindern und Hilfskräften. Das bäuerliche Leben der Fünfzigerjahre scheint dem Mittelalter näher als unserer Zeit. Doch dann ändert sich alles: Einst wohlhabende und angesehene Bauern gelten trotz aller Modernisierung plötzlich als ärmlich und rückständig, ihre Kinder riechen nach Stall und schämen sich. Wege aus der bäuerlichen Welt weist die katholische Kirche mit neuer Jugendarbeit. Der Sozialstaat hilft bei Ausbildung und Hofübergabe. Schon in den Siebzigerjahren ist die Welt auf dem Land eine völlig andere. Ewald Frie hat seine zehn Geschwister, geboren zwischen 1944 und 1969, gefragt, wie sie diese Zeit erlebt haben. Mit wenigen Strichen, anhand von Szenen und Beispielen zeigt er, wie die Welt der Eltern unterging, die Geschwister anderen Lebensentwürfen folgen konnten – und der gesellschaftliche Wandel das ganze Land erfasste.

*Ewald Frie* wurde 1962 als neuntes von elf Kindern einer katholischen Bauernfamilie im Münsterland geboren. Er ist Professor für Neuere Geschichte an der Universität Tübingen und ordentliches Mitglied der Heidelberger Akademie der Wissenschaften.

Ewald Frie

# Ein Hof und elf Geschwister

## Der stille Abschied vom bäuerlichen Leben in Deutschland

dtv

2024 dtv Verlagsgesellschaft mbH & Co.KG, München
Lizenzausgabe mit Genehmigung der
C.H.Beck oHG, München

Umschlaggestaltung: dtv nach einem Entwurf von
geviert.com/Andrea Wirl
Motiv: Rübenernte in Westfahlen, um 1965. Foto: Helmut Orwat.

Satz: Janß GmbH, Pfungstadt
Druck und Bindung: CPI books GmbH, Leck
Printed in Germany · ISBN 978-3-423-35239-0

# Inhalt

# 1 •
# Familie, Bauerschaft und Dorf

## Elf Geschwister

Zweimal haben meine Eltern einen Fotografen beauftragt, ihre Familie ins Bild zu setzen. 1947 präsentieren sie in dunkler Festtagskleidung ihre beiden Ältesten. Glücklich wirkt die junge Familie nicht, eher pflichtbewusst und auch ein wenig angestrengt. Nur der kleine Kaspar fällt aus dem Rahmen mit seinem neugierigen, erwartungsfrohen Blick. Vielleicht sieht er aber auch nur schlecht, er wird zeitlebens eine Brille tragen müssen.

1960 präsentiert sich eine Großfamilie: Hermann, der zukünftige Hoferbe, 1944 geboren, wirkt dreizehn Jahre nach seinem ersten Familienbild beinahe erwachsen. Kaspar (geboren 1946) trägt ebenfalls schon Krawatte, hat aber eine andere Rolle. Er verbrachte die zweite Hälfte der 1950er-Jahre in einem katholischen Internat, lernte Latein und Griechisch und kam nur in den Ferien nach Hause. Wilhelm (geboren 1948) in Jackett und kurzen Hosen steht mit seinen zwölf Jahren am Ende der Kindheit. Er wirkt fast finster entschlossen. Mechthild (geboren 1950) hat ihren Platz ziemlich in der Mitte des Bildes gefunden. Sie weiß um ihre be-

• **Die Familie 1947**

sonderen Aufgaben als älteste Tochter. Diese vier werden nachher von den Jahren meines Vaters berichten, die ihre Kinderjahre waren. 1960 waren sie aber nicht mehr allein. Katharina (geboren 1954) sieht stolz ihrer Einschulung entgegen. Gregor (geboren 1956) und Paul (geboren 1958) in Kleinkindpluderhosen orientieren sich an ihrer Mutter. Diese drei vor allem werden in der Mitte des Buches von den Jahren meiner Mutter erzählen, die ihre Kindheit prägten.

Ein drittes professionelles Familienportrait gibt es nicht. Letztmals kam 1968 ein Fotograf ins Haus, als meine Eltern Silberhochzeit feierten. Er lichtete die Festgesellschaft ab, und zusätzlich auch mich, ganz allein. Ich hatte den Fototermin verpasst und danach so lange und hemmungslos geweint, bis der Fotograf erneut erschien und ein Bild von mir vor unserem Bauernhof schoss. Leider hat es sich nicht erhalten. Als ein Jahr später meine kleine Schwester Martina

• **Die Familie 1960**

geboren wurde, hatte das Fotografieren bei uns gerade den Alltag erreicht. Die meisten Bilder waren farbig, die Welt wurde bunt. Noch aber beherrschte die Technik nicht jeder. Auf dem dritten Familienbild, das erst- und letztmals unsere Eltern und elf Kinder zeigt, drängen sich alle Personen in der linken Bildhälfte vor dem Haupteingang unseres Hofes zusammen. Kaspar und Gregor haben es nur knapp und teilweise ins Bild geschafft. Dafür zeigt die rechte Seite Büsche. Zu ändern war das nicht. Fotografie war analog und kostete Geld. Es gab daher nur einen Versuch. Als das Bild Wochen später aus dem Fotoladen kam, war es zu spät für eine Wiederholung.

Die hintere Reihe des Fotos zeigt Männerköpfe. Wilhelm erneut rechts außen, diesmal aber erwachsen und zuversichtlich. Daneben der Hoferbe Hermann, Vater und eine Gesichtshälfte von Kaspar. In der Mitte halten drei Frauen

• **Die Familie 1969**

das Bild und die Familie zusammen. Mutter präsentiert die Hauptattraktion des Tages. Katharina ist den beiden am nächsten, sie wird an diesem Tag zur Patin von Martina. Mechthild hält Matthias, den Zweitjüngsten (geboren 1966), auf dem Arm, dessen Patin sie drei Jahre zuvor geworden war. Vorn sind die jüngeren, aber schon selbständigen Geschwister. Gregor ist nicht nur gleich alt wie Wilhelm auf dem letzten Bild, sondern hat auch dessen trotzige Haltung und die etwas unentschiedene Kleiderwahl übernommen. Paul scheint seine kleine Schwester Anna (geboren 1961) zur

Seite schieben zu wollen, die aber mit mir (geboren 1962) im Vordergrund bleibt. Wir zwei haben ebenso wie die beiden Jüngsten die Jahre meines Vaters nicht mehr bewusst erlebt. Die Jahre meiner Mutter und der Auszug sind die Themen, zu denen wir uns nachher äußern werden.

Überinterpretiere ich das Bild, wenn ich eine Mischung aus Freude und Erleichterung in den Gesichtern vor allem der Frauen entdecke? Unter den großen Geschwistern hatte es Unbehagen und auch Sorge wegen der immer neuen Schwangerschaften meiner Mutter gegeben. War das verantwortbar? Zeitgemäß? Doch nun war Martina da. Dass alle überlebenden Kinder gesund geboren und aufgewachsen sind, hat Mutter in Gesprächen immer wieder als großes Glück bezeichnet.

Als Martina getauft und das Foto geschossen wurde, waren wir laut amtlicher Statistik keine Familie. Ihren Kriterien folgend sind wir nie eine Familie mit elf Kindern gewesen, denn die Statistik zählt nur ortsanwesende Kinder eines Elternpaares. Nie aber haben alle elf Kinder gleichzeitig an einem Ort gewohnt. Kaspar und Wilhelm teilten sich 1969 bereits eine Studentenwohnung in Münster. Immerhin aber haben wir von 1969 bis 1971 den Heiligen Abend gemeinsam am Herdfeuer und im Besten Zimmer unseres Bauernhofes gefeiert. Dreimal waren elf Kinder und ihre Eltern in Gesang und Gebet vereint. Dann heirateten Hermann und Mechthild. Sie feierten nun für sich. Die anderen Kinder würden das nach ihrer Heirat ebenfalls tun. Allmählich nahm die Kinderzahl am Heiligen Abend wieder ab.

Meine Mutter rettete die Familie mit dem Heiligenkalender. Am ersten Sonntag nach Weihnachten wird seit der Liturgiereform 1969 in der Katholischen Kirche das Fest der

Heiligen Familie gefeiert. An ihr orientierten wir uns, trotz unserer ungleich höheren Kinderzahl. Am Fest der Heiligen Familie kamen alle Kinder mit ihren Kindern bei meinen Eltern zusammen. Es gab Kuchen, anschließend einen Spaziergang. Dann wurden die Kerzen am Weihnachtsbaum entzündet und so viele Weihnachtslieder aus dem katholischen Gebetbuch gesungen wie eben möglich. Enkelkinder trugen Gedichte und Lieder vor. Das Abendessen war ebenso wie der Kuchen am Nachmittag eine Gemeinschaftsproduktion der Gäste. Anschließend bildeten sich Gesprächs- und Doppelkopfgruppen. Um Mitternacht löste sich das Fest auf. Wer noch zu Hause wohnte, spülte nun eine Weile Geschirr. Eine Spülmaschine gab es nicht. Irgendwann am Spätnachmittag wurde meist ein Foto der Weihnachtsgemeinschaft geschossen, mit immer mehr Enkelkindern darauf. Ein Bild der Geschwister allein, wie noch 1969, kam erst nach dem Tod meiner Eltern wieder zustande. Bis dahin verstanden wir uns als immer weiter wachsende Großfamilie, nicht als Geschwistergruppe.

Meine Eltern hatten ihre Geschwister nie in vergleichbaren Konstellationen getroffen. Die Eltern meines Vaters und der Vater meiner Mutter waren früh gestorben. Die Geschwister besuchten sich gegenseitig. Sie machten anlässlich von Namenstagen, die im katholischen Münsterland wichtiger waren als Geburtstage, «Visiten». Seit das Auto in den 1950er-Jahren das Pferd ersetzt hatte, begannen Visiten mit dem Nachmittagskaffee. Tagelang waren zuvor Torten gebacken worden. Das Regiment in unserer Küche übernahm Tante Irene aus dem Dorf, in den 1950er-Jahren assistiert von ein oder zwei «Stützen», jungen Frauen, die bei uns wohnten und meiner Mutter im Haushalt halfen. «Da wurde sozusagen Hof gehalten», erinnert sich Katharina an den Aufwand, den sie als Kind noch miterlebt hat. Nach dem Kaffee gingen die Männer in den Stall oder auf die Wiese. Kühe wurden begutachtet, ihr Aussehen, ihre Milchleistung und ihre Vorfahren verglichen. Die Perspektiven von Rindern und Kälbern wurden diskutiert und mit ihnen die Zukunft des Hofes. Tagelang waren meine älteren Geschwister vor der Visite damit beschäftigt gewesen, Ställe auszumisten, Stallfenster zu putzen und Gänge zu schrubben. Am Mittag waren die Kühe ein letztes Mal gereinigt und gebürstet worden. Der äußere Eindruck zählte bei Bauern und Rinderzüchtern, auch wenn sie Brüder und Schwäger waren. Einzige Ausnahme war die Familie der ältesten Schwester meines Vaters. Als Einzige im Geschwisterkreis meiner Eltern hatte sie mehr als die Volksschule besucht und eine Zeitlang jenseits der Landwirtschaft gegen Geld gearbeitet. Sie hatte einen Lehrer und späteren Schuldirektor geheiratet. Der wohnte in der Stadt, ging in den Zoo und interessierte sich für Tiere aus Afrika, wenn sie von Professor Grzimek und anderen in Radio und Fernsehen vorgestellt wurden. Er wusste nichts über Rinder und wollte möglicherweise auch nicht allzu viel darüber wissen. Meine Tante erschien irgendwann ohne ihn zur Visite, was alle Männer vernünftig gefunden haben dürften.

Meine Mutter ging derweil mit Schwestern und Schwägerinnen durch den Garten. Von seinen Erträgen lebten wir bis in die 1960er-Jahre. Fleisch kam von unseren Schweinen, für die ebenfalls Frauen und Kinder verantwortlich waren. Anschließend ging's in den Keller. Äpfel- und Kartoffelvorräte sowie eingekochtes Obst in blank geputzten Einweckgläsern wurden begutachtet. Das anschließende Abendessen bereitete meinen Eltern weniger Sorgen als die Rundgänge zuvor. Tante Irene und die Stützen würden gute Arbeit leisten. Nach dem Essen tranken die Frauen Wein und Likör. Die Männer spielten Doppelkopf bei Bier und Schnaps. Meine Geschwister waren fasziniert und auch ein wenig erstaunt. Geld wechselte schnell und scheinbar bedenkenlos den Besitzer – dabei war es immer knapp und wurde gut gehütet. Doch ohne Geld, so mein Vater lakonisch, fehle dem Spiel die «Andacht». Das Ende des Abends bestimmten die Männer. Ihr letztes Spiel musste zwei Bedingungen erfüllen: Der Hausherr musste gegeben und die Kreuz-Damen mussten gewonnen haben. Das konnte dauern. Der Alkoholkonsum beider Geschlechter war beträchtlich, nahm aber über die Jahre ab. Einerseits wurden alle älter. Andererseits fanden die Autos, anders als die Pferde, im Notfall den Weg nach Hause nicht allein.

Aus Fotografien, raren Schriftzeugnissen, Wikipedia und den Erinnerungen meiner Geschwister habe ich diese Familienszenen rekonstruiert. In ihnen spiegelt sich die Geschichte der Bundesrepublik, aus dem ungewöhnlichen Blickwinkel einer katholischen Bauernfamilie jenseits des Dorfes. Elf Geschwister erleben Wandel: von Familie und Bauerngesellschaft, von Arbeit und Fest, von Katholizismus und Alltagsreligiosität, von Essen und Trinken, von Spiel und Schule. Jedes Kind hat sein Leben: Hermann wurde im Zweiten Weltkrieg geboren, Martina knapp zwei Monate vor der Wahl Willy Brandts zum Bundeskanzler. Bei Hermanns Geburt war der Vater mit 34 Jahren etwas älter, die Mutter mit 22 Jahren deutlich jünger als in dieser Zeit üblich. Die schnell wachsende Geschwisterzahl war während seiner Kindheit nicht ungewöhnlich. Martina hatte in einer Zeit, als frühe Heirat und Mutterschaft modern waren, geradezu greisenhafte Eltern: Vater war bei ihrer Geburt 59, Mutter 47 Jahre alt. Die Zahl ihrer Geschwister lag außerhalb des Vorstellungshorizonts ihrer Freundinnen. Jedes Kind musste sich mit seiner Familiengeschichte in einer anderen Umwelt positionieren und daraus Sinn machen. Die Familiengeschichte, die Sinngebung und ihre Rahmen aber wandelten sich, und das interessiert mich.

Alle meine Geschwister haben nach den Maßstäben ihrer Zeit die Schule gut überstanden und wurden beruflich erfolgreich. Mein ältester Bruder hat die Veränderung der ländlichen Welt mitgestaltet. Wir anderen haben sie verlassen, ausgestattet mit der neuen Währung, die nicht mehr Vieh und Land, sondern Bildung hieß. Die meisten von uns haben studiert. Ich bin der Einzige, der die Universität nicht hat verlassen können. Mit meiner professionellen Kompetenz als Historiker blicke ich auf meine Geschwister und mich selbst. Ich verstehe uns als Tor zu einer Geschichte der Bundesrepublik. Ich erzähle sie aus transkribierten Interviews, die ich im Sommer 2020 geführt habe. Ich habe eine Rundreise durch die Republik unternommen: von Tübingen, wo ich wohne, durch das Rheinland und Westfalen, wo die meisten meiner Geschwister heute leben, bis zur Ostsee. In jedem Zuhause habe ich einen Nachmittag und einen Vormittag verbracht und ein leitfadengestütztes Interview geführt. Natürlich sind die Gespräche nicht einfach Geschichte. Meine Geschwister und ich erinnern uns zwar nicht im Modus von «Früher war alles besser!». Aber unsere Erzählungen folgen auch einer Logik: «Wie war das möglich?», fragen wir, oder: «Wie wurde ich trotzdem Ich?» Doch die Logiken machen die Erzählungen nicht wertlos. Sie weisen hin auf den Wandel von Normen und Gewohnheiten. Und die verarbeiteten Geschehnisse, Momente des Arbeitens und des Außeralltäglichen, des Streits und der Versöhnung, weisen hin auf Lebenswelten, die auf- und untergegangen sind.

Ich erzähle eine Geschichte, in die ich selbst verstrickt bin. Das ist schwierig. Ich weiß mehr, als ein Fremder wissen könnte. Aber ich bin voreingenommen. Und ich werde nicht alles erzählen, was ich weiß. Schließlich will ich mit meinen Geschwistern weiterhin Feste feiern und Doppelkopf spielen. Ich habe ihnen in diesem Text neue Namen gegeben. Sie sind dadurch noch mehr «meine» Geschwister, die Familie ist noch mehr «meine» Familie geworden, eine Familie, wie sie niemand sonst von meinen Geschwistern im Kopf hat. Die Familie ist mir sehr nahe. Aber ich versuche sie auf Distanz zu halten, um sie beobachten zu können: durch erlernte geschichtswissenschaftliche Techniken, durch Interviews und deren Vergleich, durch Archivrecherchen, durch die Lektüre des Landwirtschaftlichen Wochenblatts und anderer zeitgenössischer Literatur, durch die Sichtung von dem, was die Forschung zu den nachher angesprochenen Themen hergibt. Dennoch bleibe ich ein betroffener Beobachter. Ich bemühe mich um Detailtreue und Objektivität: Ich zitiere mit Anführungszeichen, ich schreibe Fußnoten, es gibt ein Quellen- und ein Literaturverzeichnis. Und doch kann nur ich diesen Text so schreiben, wie er jetzt hier steht. Der Text ist ein Grenzfall, von Wissenschaft wie von Familiensinn. Meine Hoffnung ist, dass er Gutes aus beiden Welten zusammenbringt, um ein besonders Licht auf die Geschichte der Bundesrepublik Deutschland zu werfen.

## Siebzehn Höfe

Bei den meisten Hausstättenschatzungen, Steuerlisten und Viehzählungen des 17. bis 19. Jahrhunderts, die erhalten sind, steht unser Hof am Ende der Bauerschaft Horst und trägt die Nummer 17. Das scheint praktische Gründe gehabt zu haben. Die Listen begannen mit dem Schulzen Eistrup, dessen Hof der größte war. Er trägt die Nummer 1. Dann können wir den schriftkundigen Listenführern gedanklich auf ihrem Weg durch die Bauerschaft folgen, von Hof zu Hof beziehungsweise, wie es im 18. Jahrhundert auch hieß, von Feuerstelle zu Feuerstelle, die mit immer höheren Zahlen bezeichnet wurden. Der Weg endete bei den Häusern, die dem Dorf Nottuln am nächsten lagen und wie auf einem gedachten Viertelkreis um ein nicht bekanntes Zentrum angeordnet waren. Die drei letzten waren Wedding (Nummer 15), Wegener (16) und schließlich Frie (17).

Bauerschaften sind lockere Siedlungsverbände aus landwirtschaftlichen Betrieben, die im Münsterland nicht im Dorf liegen, sondern einzeln in der Flur. Von unserem Hof sind es 150 Meter bis Wegener und 300 Meter bis Wedding. Bis zum Hof Büssing, der auf der anderen Seite am nächsten liegt, aber schon zu einer anderen Bauerschaft gehört, ist es ein knapper Kilometer. Die Kirche des Dorfes Nottuln ist gut zwei Kilometer entfernt. Zu den anderen Dörfern in der Nähe ist es mehr als eine Stunde Fußweg: Darup 5,5 Kilometer, Appelhülsen 6 Kilometer, Buldern 6 Kilometer, Rorup 7 Kilometer, Schapdetten 7 Kilometer. Die weiten Entfernungen zwischen den Häusern und Dörfern hatte schon 1771 der

Vogt Händler in Nottuln beklagt und eine Zulage verlangt.[1] Wichtig für uns waren die etwas weiter entfernten Kleinstädte Coesfeld mit Jungenrealschule und Gymnasium (15 Kilometer) sowie Lüdinghausen mit der landwirtschaftlichen Realschule (20 Kilometer). Am wichtigsten aber war Münster: Stadt der Landwirtschaftskammer, des Zuchtviehmarktes, der Kreisverwaltung (bis 1974) und aller Schulformen und Geschäfte, die wir uns überhaupt vorstellen konnten (25 Kilometer). Alle drei Städte waren nicht umstandslos erreichbar. Nottuln hatte keinen Bahnanschluss, dafür fuhren Busse, bis in die späten 1970er-Jahre allerdings sehr unregelmäßig.

Bauerschaften waren einmal Gerichtsbezirke gewesen, aber das lag im 19. und 20. Jahrhundert schon sehr lange zurück und gehörte nicht mehr zum Wissen der Bauern. Auch wirtschaftlich spielte die Bauerschaft als Organisation keine Rolle mehr. Schon vor den Agrarreformen hatten die einzelnen Höfe unterschiedliche Grundherren gehabt. Ihre Felder lagen zwar gemischt in der Flur, wurden aber nicht bauerschaftsweise bewirtschaftet. Immerhin gab es in der ersten Hälfte des 19. Jahrhunderts noch Schützenfeste der Nottulner Bauerschaften. Die Bauern von der Horst schossen mit den Bewohnern der Nachbarbauerschaft Buxtrup gemeinsam auf einen Vogel. Ende des 19. Jahrhunderts verloren sich die meisten der Bauernschützenfeste. Die katholischen Antoni- und Martinibruderschaften im Dorf richteten nun die Schützenfeste für alle gemeinsam aus.[2] Für die Lokalverwaltung blieben die Bauerschaften aber wichtig. Viehzählungen wurden auf dieser Ebene organisiert. Nach dem Ersten Weltkrieg wurden Bauernwehren auf Bauerschaftsebene eingerichtet, die in zwei Schichten nachts mit Schusswaffen patrouillieren sollten und das eine Zeitlang offenbar auch taten. Auf der Horst waren 24 Personen dabei, darunter mein Großvater und sein jüngerer Bruder.[3] Die dorfferneren Bauerschaften hatten bis in die 1960er-Jahre eigene Schulen. Meine Geschwister und ich wurden aber, wie vor uns schon unser Vater und seine Geschwister, in der Nottulner Dorfschule unterrichtet.

Bauerschaften waren lockere Gemeinschaften von Ungleichen. Das entscheidende Kriterium war der Landbesitz, und das war im mittleren 20. Jahrhundert schon seit Jahrhunderten so. Drei sehr große Höfe mit mehr als 75 Hektar Land gab es auf der Horst, die schon bei der Hausstättenschatzung von 1679[4] einen Schulzentitel getragen hatten: Eistrup, Averbeck und Wien. Acht Bauern verfügten um 1900 über 20 bis 30 Hektar Land. Unser Hof Frie und unsere Nachbarn Wegener und Wedding gehörten dazu. Auch sie tauchen in Listen des 17. Jahrhunderts bereits auf. 18 Kleinbauern mit deutlich unter 10 Hektar bildeten um 1900 die Unterschicht. Seit dem 17. Jahrhundert und auch seit der Vergabe der Hausnummern waren einige Feuerstellen hinzugekommen. Manche waren auf neu erschlossenem Land entstanden. Andere waren von Schulzen oder Bauern eingerichtet und mit ein wenig Land ausgestattet worden. Es half beim Überleben, reichte aber dazu nicht aus. Diese «Kötter» waren das bewegliche Element in der Sozialstruktur. Sie waren verlässliche Arbeitskräfte auf den Höfen der Größeren. Neu geschaffene Kötterhäuser erhielten Hausnummern jenseits «unserer» 17. Das war schlecht für Postboten, die neu in den Bezirk kamen. Die Nummern standen in keiner erkennbaren Beziehung mehr zum Weg eines Listenführers oder zur Topographie überhaupt. Um eines der neuen Häuser zu finden, musste man sich auskennen.

Die Bauerschaften Nottulns waren sehr verschieden. In einem Verzeichnis der Haushalte aus den 1930er-Jahren sind für die Horst 26 Einträge vorhanden, für die größte Bauerschaft Stevern aber 122.[5] Die anderen Bauerschaften lagen irgendwo dazwischen, Stockum war mit 18 Einträgen noch kleiner als die Horst. Stevern war in vielerlei Hinsicht anders. Es lag auf der anderen Seite des Dorfes und war hügelig, während unsere Seite norddeutsch-flach daherkam. In den dortigen Steinbrüchen wurde Baumberger Sandstein gewonnen, der vor allem beim Bau von Kirchen und repräsentativen Gebäuden Verwendung fand. Es gab nicht nur Bauern, sondern auch Handwerker und Weber und damit eine erheblich breitere und vielfältigere Unterschicht ohne klare Trennung zu den anderen Landbesitzern. Die bäuerliche Dreiklassengesellschaft der Horst hatte sich in Stevern nicht gebildet. Deutlicher als auf der Horst gab es einen Siedlungskern im Tal des Flüsschens Stever, das der Bauerschaft ihren Namen gab. Nur die Kirche fehlte. Dafür gab es das Schützenfest noch, das die anderen Bauerschaften aufgegeben hatten. Erfahrungen mit bäuerlichem Leben konnten schon in kleinen Räumen sehr unterschiedlich sein.

Leben in der Bauerschaft bedeutete für meine Geschwister und mich zunächst einmal, dass wir unter uns waren. Es gab zwar Nachbarskinder, aber es waren nicht viele, und die meisten von ihnen waren so weit entfernt, dass wir sie nicht zufällig treffen konnten. Das Dorf war weit. Die meisten von uns nahmen es erst bei der Einschulung als Lebensraum wahr. Unser großes Bauernhaus, 1896 neu errichtet, blickte mit seiner aufwändig aus Baumberger Sandstein gestalteten Giebelseite – es muss der Familie gut gegangen sein damals – vom Dorf weg auf die benachbarten Höfe

Wegener und Wedding und die dahinter liegende eigentliche Bauerschaft. Von dort aus führte der Weg zu unserem Hof. Erst Anfang des 20. Jahrhunderts entstand eine eigene Zufahrt zur Dülmener Chaussee, die den Fahrweg nach Nottuln um einen Kilometer verkürzte. Besucher näherten sich dem Hof nun von der Traufseite. Der noble Schaugiebel kam nicht mehr recht zur Geltung. Aber auch wenn das Dorf nun näher gerückt war – es blieb das andere.

## Viele im Dorf

Von der Bauerschaft aus gesehen war das Dorf der Ort der Kirche und des Frühschoppens, des Amtes und der Post. Die Volksschule war dort und die katholische Mädchenrealschule mit angeschlossenem Internat. Im Dorf praktizierte ein Arzt, es gab Einzelhandel, Landhandel und das Dorfhandwerk. Nottuln hatte seit 1909 elektrische Straßenbeleuchtung, seit 1926 ein Freibad, seit 1932 eine Fließwasserversorgung, seit den 1950er-Jahren eine Kanalisation, und am Wochenende gab es Kino. All das war beeindruckend, aber nichts davon war Alltag. Um ins Dorf zu fahren, musste es Gründe geben. Soziale Verbindungen gehörten bis in die 1960er-Jahre für Bauernfamilien wie uns eher nicht dazu. Das Dorf war ein Ort der kleinen Leute, zu denen Bauernfamilien wie wir sich nicht zählten. Seit den 1880er-Jahren gab es dort die Strumpffabrik Rhode mit zeitweilig mehreren Hundert Beschäftigten. Viele von ihnen wohnten im Dorf. Direkt nach dem Zweiten Weltkrieg gab es noch 125 Handwerksbetriebe.[6]

Die meisten werden Kleinstbetriebe gewesen sein, die nebenher noch eine Landwirtschaft und etwas Gartenbau hatten. 21 Herren- und Damenwäscheschneider beispielsweise, die statistisch nachgewiesen sind, werden kaum von ihrem Handwerk gelebt haben können. Luftbilder zeigen, wie groß die Gärten im Ort waren.[7] Viehhaltung war die Regel, nicht die Ausnahme. Erst 1980 verließ die letzte Kuh und mit ihr der letzte landwirtschaftliche Betrieb den Ort.[8]

Die Gemeinde Nottuln hatte 1803 knapp 3700 Einwohner, von denen allerdings 2300 in den Bauerschaften wohnten.[9] Seit es dörfliche Selbstverwaltung gab, wurde das Dorf von außen, von den Bauern her, regiert. Deren Steuerleistung und Wirtschaftskraft war viel größer als die der Dörfler.[10] Die Bevölkerung des Dorfes wuchs im 19. Jahrhundert, vor allem seit sich die Strickerei Rhode in den 1880er-Jahren angesiedelt hatte. 1939 wurden in Dorf und Bauerschaften knapp 4700 Personen gezählt. 1950 waren es mehr als 6800 – da waren viele Flüchtlinge hinzugekommen. Sie veränderten das Dorf grundlegend.[11] Weil es praktisch keinen Mietwohnungsmarkt gab, wurden alle Neuankömmlinge einquartiert, freiwillig oder zwangsweise. Für die Bauernhöfe war das eine tiefgreifende, aber vorübergehende Erfahrung. Kaum ein Geflüchteter wollte dauerhaft als abhängig Beschäftigter oder – schlimmer noch – Kostgänger in der Landwirtschaft verbleiben. Auch aus dem Dorf zogen viele Flüchtlinge in den 1950er-Jahren wieder fort. Sie folgten der Arbeit in die Städte des Ruhrgebiets. Die Bevölkerungszahl sank daher, aber nicht wieder auf den Stand von 1939, denn viele Flüchtlinge blieben auch. Häuser und Siedlungen wurden gebaut. Am wichtigsten war Nottuln-Süd, eine geschlossene und vom Ort durch eine mehr als hundert Meter breite

Wiese getrennte Siedlung an der Dülmener Chaussee, bald mit eigenen Bäckereien, Einzelhandelsgeschäften und einem eigenen Kindergarten. Hier wohnten Flüchtlingsfamilien, aber auch Nottulner, die Bauland ergattert hatten. Sie wurden misstrauisch beäugt von den Dörflern, aber auch von uns aus der Bauerschaft Horst. Wir schauten über Nottuln-Süd hinweg Richtung Ort, und wir fuhren an Nottuln-Süd vorbei in den Ort hinein.

Die Hälfte der Flüchtlinge war katholisch, die andere Hälfte protestantisch. Leicht war es für beide Gruppen nicht. Aber die Katholiken konnten über die Kirchengemeinde Kontakte knüpfen. Für die Protestanten war es schwieriger. Auf dem Schulhof wurde ein Seil gespannt (vielleicht auch ein Kreidestrich gezogen, die mündliche Überlieferung ist nicht eindeutig), um Kontakte mit Andersgläubigen zu unterbinden. Die katholischen Geistlichen waren uneins, ob Abwehr oder Verständnis und Hilfe die richtige Antwort auf die Ankunft protestantischer Flüchtlinge sei. Kaplan Pricking wurde ein bekannter Flüchtlingsseelsorger. Dechant Bütfering soll, so Zeitzeugen, im Kommunionunterricht vor Kontakten mit evangelischen Kindern gewarnt haben, weil diese nicht in den Himmel kämen.[12]

1967 wurde die evangelische Kirche in Nottuln eingeweiht, ziemlich genau in der Mitte zwischen Nottuln-Süd und Nottuln gelegen. In den zwanzig Jahren davor hatte ein Pfarrer, der auch für den Nachbarort Billerbeck zuständig war, evangelische Gottesdienste im katholischen Pfarrheim abgehalten. Die Normalisierung des evangelischen Bekenntnisses, die in dem Neubau zum Ausdruck kommt, stand am Anfang einer Neuorientierung des Dorfes insgesamt. Das Selbstgenügsame, kleinbäuerlich-handwerklich-Katholische trat in den späten 1960er- und 1970er-Jahren zurück. In den Vordergrund rückten Menschen, die im Dienstleistungssektor tätig waren und sich an der Universitätsstadt Münster orientierten. Seit den 1970er-Jahren wuchs Nottulns Bevölkerungszahl nämlich wieder. 1976 wurde die Autobahn Richtung Münster fertiggestellt. Junge Familien zogen ins Dorf, die zur Arbeit nach Münster pendelten. Baugebiete wurden ausgewiesen, und die bebaute Fläche wuchs rasch. Ein Hallenbad, eine Dreifachturnhalle, ein Wellenfreibad, neue Sport- und Tennisplätze entstanden. In den Schulen tauchten Kinder und Jugendliche mit völlig neuen Erfahrungshintergründen auf. Dafür verschwanden die Landhandwerker und die vielen Kleinstbetriebe, die das Dorf bis in die 1960er-Jahre geprägt hatten. 1973 brannte die Strumpffabrik Rhode ab. Die zuletzt noch hundert Beschäftigten mussten sich eine neue Arbeit suchen, denn die wirtschaftlich bereits angeschlagene Firma gab die Produktion in Nottuln ganz auf. Auf dem Fabrikgelände entstanden eine Bushaltestelle und ein Supermarkt. Die Villa des Firmeninhabers wurde vermietet und später abgerissen, sein Garten 1982 als «Franz-Rhode-Park» der Öffentlichkeit zugänglich gemacht.[13] Das Dorf der 1980er-Jahre hatte mit dem der Kriegs- und Nachkriegszeit nur noch wenig gemeinsam. Das galt allerdings auch für die Bauerschaft Horst – und für unsere Familie. Von diesem Wandel und von den Erfahrungen und Emotionen, die er hervorrief, handelt dieses Buch.

## 2 •
# Die Jahre meines Vaters

«Was war richtige Maloche?», habe ich meinen ältesten Bruder Hermann gefragt. «Arbeit, die Du nicht gern gemacht hast, die richtig weh tat?» Hermann hat von uns allen am meisten Zeit in der knochenbiegenden Landarbeit verbracht, die mit dem Traktor und seinen Maschinen zu Ende ging. Er ist kein großer Erzähler, und seine westfälische Redeweise überfordert alle Spracherkennungsprogramme. Aber seine Pointen sitzen. Er gab zwei Antworten. Die eine war ein Klassiker: der Mist. Mit der anderen hatte ich nicht gerechnet: das Losschneiden der Flächen bei der Getreideernte. Bei der Ernte kam auf unserem Hof bis Mitte der 1960er-Jahre ein Mähbinder zum Einsatz. Er schnitt das Korn und bündelte es zu Garben, die hinten aus einer Ablage herausfielen und von Frauen und Kindern zu kleinen Häuschen, Gasten genannt, zusammengestellt wurden. Das Mähwerk des Binders arbeitete neben, nicht hinter den Pferden oder später dem Trecker. Die Halme sollten ja noch stehen und die Kornähren unversehrt sein, wenn sie vor das Mähwerk kamen. Wie aber sollte dann die Ernte beginnen, ohne Halme niederzudrücken und Korn zu verlieren, wo doch die Felder von Gräben, Hecken oder Zäunen umgrenzt waren? Zwei oder drei Leute mit Sensen wurden vorgeschickt. Sie mähten die erste Runde per Hand, um Platz für Pferd oder Trecker zu schaffen. Das war besonders schwierig für junge Leute wie Hermann, die die Arbeit mit der Sense kaum noch kannten. Und es war ein Ärgernis für die Wirtschaftswunderkinder der 1950er-Jahre, die die Sorge der Kriegsgenerationen um jedes Korn übertrieben fanden. «Hinterher waren sie nicht mehr so kleinlich, da sind wir einfach mit dem Trecker da durch gefahren», sagt Hermann. «Da ist zwar etwas Korn rausgefallen, aber da waren sie es doch leid.» Der eigentümliche Wechsel zwischen «sie» und «wir» ist kein Zufall. Hier spricht der zukünftige Hofbesitzer, der die Eigenheiten der Älteren erduldet, bis er an der Reihe ist.

Wie sein ältester Bruder Hermann redet auch Wilhelm vom Mist, wenn es um Maloche geht. Auch er war von der Landwirtschaft fasziniert und wollte unbedingt Bauer werden. Doch wo Hermann lakonisch die Arbeitsabläufe schildert, wird Wilhelm emotional. Hermann schätzte den technischen Wandel, Wilhelm liebte ihn und wollte ihn so schnell wie möglich haben. Die Zeit war auf seiner Seite. Zwischen 1949 und 1960 verschwanden die Hälfte aller Pferde von den westfälischen Bauernhöfen. Dafür verzehnfachte sich die Zahl der Traktoren.[1] Wilhelm arbeitete nicht gern mit Pferden. Hermann schon. Wilhelm liebte Maschinen und technische Lösungen. Für ihn war die Entmistung ein nicht länger hinnehmbares Ärgernis. Jeden Tag wurden die Rinder- und Pferdeställe frisch eingestreut. Die Tiere traten und lagen das Stroh mitsamt ihren Exkrementen fest und freuten sich daher am nächsten Tag über frisches Stroh. Allmählich bildete sich eine immer dickere und festere Schicht aus Stroh und Exkrementen, am Ende bis zu einem halben Meter hoch. Sie wurde zweimal jährlich mit der Mistgabel aufgenommen und auf eine einachsige Stürzkarre befördert. Das war körperlich extrem anstrengend. Und es stank fürchterlich. Die Stürzkarre wurde auf den Misthaufen ausgekippt. Im Herbst zumeist wurde der gesammelte Mist auf Wagen geladen. Auf den Feldern wurde der Mist mit Haken zu Haufen heruntergezogen. Die wurden von einer weiteren Arbeitskolonne auseinandergeworfen, um den Dünger gleichmäßig zu verteilen. «Das war richtig Knochenarbeit», sagt Hermann.

Wilhelm redet nicht mehr von den Misthaken und der Verteilung auf den Feldern. Das erledigte Anfang der 1960er-Jahre, als er zu härterer körperlicher Arbeit fähig war, bereits ein Miststreuer. Hinter den Trecker gespannt und durch eine Zapfwelle zur Kraftübertragung mit ihm verbunden, drückte ein Förderband den Mist allmählich gegen eine rotierende Häckselwelle am Ende des Wagens. Die warf den Mist einigermaßen gleichmäßig auf die Felder. Was allerdings blieb, war das Herauswuchten des Mistes aus dem Stall. Das ärgerte Wilhelm. Aber sein Lösungsvorschlag kam bei Vater nicht durch. Neben das Hoftor wollte er eine zweite Einfahrt in das Gebäude aus dem Jahr 1897 brechen. Wenn dann die ersten Kälberställe abgeräumt worden wären, hätte ein Traktor mit dem Frontlader einfach in die Ställe fahren und den Mist beseitigen können. Vater aber scheute die Investition oder die radikale Veränderung des Hofbildes. Wilhelm hat sich daraufhin am Entmisten nicht mehr beteiligt, sagt er.

Die zweite Hälfte der 1960er-Jahre war eine Zeit des Wartens. Das prägte das frühe Erwachsenenalter meiner ältesten Geschwister, die auf Veränderung drängten. Vater investierte durchaus. Die Umstellung vom Pferd auf den Traktor hatte Folgen: Neue Maschinen mussten gekauft werden, Abstellplätze für sie waren nötig. Im Wohnhaus wurden nach und nach elektrische Haushaltsgeräte angeschafft und eine Heizung eingebaut. Sie beendete die Zeit der Eisblumen an den Fenstern und der feuchtkalten Betten, in die vor dem Schlafengehen sandgefüllte Schnapsflaschen gelegt wurden, die am Herdfeuer aufgewärmt worden waren. Von diesen Kälteerfahrungen erzählen nur die vier ältesten Geschwister. Aber Vater investierte nicht mehr in Wirtschaftsgebäude. 1950 hatte er den Kuhstall erweitert und 1952 ein Schweinehaus gebaut. Doch 1960, im Jahr des zweiten Familienfotos, feierte er seinen fünfzigsten Geburtstag. Seine beste Zeit lag hinter ihm. Seinem Körper waren die harten Arbeitsjahre bereits anzusehen. Er war mit Senkfüßen geboren worden. Chirurgische Eingriffe in seiner Kindheit, die die Schulzeugnisse der ersten Jahre als Fehlzeiten ausweisen, hatten die Behinderung nicht beseitigen können. Das Gehen hinter dem Pflug und anderen landwirtschaftlichen Geräten muss ihm wehgetan haben. Er redete nicht davon. Sein Rücken schmerzte, später kamen Rheuma und Gicht hinzu. Seit den 1970er-Jahren banden wir ihm morgens die Schuhe, weil er mit den Händen seine Füße nicht mehr erreichen konnte. Er nahm Schmerzmittel.

Meine ältesten Geschwister erinnern sich an meinen Vater mit Respekt und auch Zuneigung. Wenn sich die Familie abends vor dem Herdfeuer oder im Wohnzimmer versammelte, konnte er liebevoll sein. Er schälte ausdauernd Äpfel und verteilte die sorgfältig von allen Macken befreiten Stücke. Am Samstagabend kontrollierte er nach dem wöchentlichen Wannenbad Länge und Sauberkeit der Fußnägel, indem er die Kleinen auf seine Schultern setzte. Von vergleichbaren Erfahrungen körperlicher Nähe und Zuwendung wissen die jüngeren Kinder nicht mehr zu berichten. In ihren Interviews fehlt auch der Stolz auf den Vater, der den Älteren eigen ist: der Stolz auf einen angesehenen Landwirt, der Erfolg hatte. Die Älteren nahmen in Kauf, dass es nicht einfach war, mit ihm zusammenzuarbeiten. Meine Schwestern, die mit Mutter im Haushalt tätig waren, wussten, dass sie es leichter hatten als ihre Brüder. Vater arbeitete gewissenhaft, ausdauernd und hart. Er ging davon aus, dass seine Kinder durch Beobachtung und Einübung lernen und sein Tempo mitgehen würden. Erklären oder gar diskutieren war nicht seine Stärke. Nachlässigkeit, Langsamkeit und Ungeschick waren ihm unbegreiflich. Unter Druck, bei der Ernte etwa, konnte er jähzornig und handgreiflich werden. Manche seiner Methoden waren schwer erträglich. Er kastrierte Ferkel mit dem Taschenmesser. Überzählige Katzenjunge ertränkte er mithilfe eines steinbeschwerten Jutesacks in einem Teich. Verendende Rinder schächtete er notfalls mit dem Brotmesser, damit wenigstens das Fleisch seinen Wert nicht verlor.

Bei der Durchsicht der Quellen auf dem Hof war ich überrascht über seine Zeugnisse.[2] Vater kam gut durch die achtklassige Volksschule. Erst im letzten Schuljahr 1923/24 ließen seine Leistungen nach. Das Abgangszeugnis der Landwirtschaftlichen Schule im Nachbarort Billerbeck 1928 bescheinigt ihm sehr gutes Betragen. Die allgemeinen Fächer wie Deutsch oder Rechnen waren «genügend» oder «ziemlich gut», alle Naturwissenschaften und Landwirtschaftsfächer wurden mit «gut» bewertet. Drei Jahre später bescheinigte Landwirt Bernhard Kleimann, dass Vater ein einjähriges Fremdjahr, in dem er einen landwirtschaftlichen Betrieb durch tägliches Mitarbeiten kennenlernte, gut hinbekommen hatte. 1936 legte er bei Schulze Raestrup in Havixbeck eine bäuerliche Werkprüfung mit «gut» ab.

Landwirtschaft war in den 1920er- und 1930er-Jahren noch kein Lehrberuf. Art und Intensität der Ausbildung lagen im Ermessen des Bauern und seines Erben. Vater war auf seine bäuerliche Zukunft wohl besser vorbereitet als die meisten seiner Nachbarn. Man konnte ihn auch danach leicht unterschätzen. Er redete nicht viel und schrieb noch weniger. Aber er studierte intensiv die Regionalzeitung und das Landwirtschaftliche Wochenblatt. Er hörte Nachrichten- und Regionalsendungen im Radio und sah sie später im Fernsehen an. Er war interessiert an den Inhalten der landwirtschaftlichen Ausbildung seiner Söhne. Er sah sich unter den Züchtern und ihren Herden um. Bei den Viehzählungen der direkten Nachkriegszeit versah er das Amt des freiwilligen Zählers, der auf allen Höfen vorbeischaute.[3] Er war gern unter Leuten. Ein Erzähler war er allerdings nicht. Von ganzem Herzen war er Bauer. Sein Wissen und Handeln gingen von dort aus. Welten jenseits der Landwirtschaft konnte er bestaunen, aber nicht gut verstehen.

## Züchten

Vaters große Zeit waren die 1950er-Jahre. Da hatte ihn Wolke II berühmt gemacht, jedenfalls unter den münsterländischen Rotbuntzüchtern. «Rotbunt» sind Rinder und Kühe, die ein weißes Fell mit roten Flecken haben (oder ein rotes Fell mit weißen Flecken, je nach Perspektive). Sie geben etwas weniger Milch als ihre deutlich verbreiteteren «schwarzbunten» Verwandten. Dafür haben sie mehr und besseres Fleisch (sagen die Rotbuntzüchter). Vaters Wolke II gehörte zum «überwältigenden Bild», das die sieben rotbunten Kuhklassen nach Ansicht des Münsteraner Landwirtschaftsrats Schraeder auf der Westfalenschau 1950 in Hamm geboten hatten. «Der angestrebte Wirtschaftstyp mit einzig dastehender voller Bemuskelung» sei hier «in geradezu erstaunlichem Maße zum Ausdruck» gekommen, schwärmte er im Landwirtschaftlichen Wochenblatt. Alles überrage freilich «die in Milch stehende, schon in Frankfurt in der RL-Klasse mit dem Ia- und Siegerpreis ausgezeichnete Kuh ‹Wolke II 66856›, Züchter und Besitzer: Bernhard Frie, Horst bei Nottuln (Münster) aus der ‹Trick-6700›/‹Waldemar-5020› Linie mit einer siebenjährigen Durchschnittsleistung von 4321 kg Milch mit 3,55 % und 154 kg Fett ..., wobei zu bedenken ist, daß diese Leistungen fast alle in den schlechten Futterjahren der Kriegs- und Nachkriegszeit erbracht wurden, während die Kuh 1949 mit 5566 kg mit 3,59 % und 200 kg herauskam.»[4]

Landwirtschaftsrat Schraeder konnte 1950 damit rechnen, dass seine Leser das befremdliche Fachchinesisch verstanden. Viele waren Experten. Seit dem ausgehenden 19. Jahrhundert war im Münsterland systematisch Rindviehzucht betrieben worden. So sollten für den boomenden Markt des Ruhrgebiets, aber auch der schnell wachsenden Stadt Münster Milch- und Fleischlieferungen verbessert werden. Die Bauern organisierten das selbst. Sie gründeten Züchtervereine, die Milch- und Fleischerträge, Vorfahren und Nachkommen jedes einzelnen Tieres verzeichneten. Milchkontrollvereine entstanden. Auf den einzelnen Höfen wurden «Stallbücher» und «Melkbücher» geführt. Einer der ersten Züchtervereine des Münsterlandes entstand 1905, ein paar Kilometer von unserem Hof entfernt in der Bauerschaft Buxtrup.[5] Die Söhne der Gründer wurden enge Freunde meines Vaters. Nottuln, hieß es im Landwirtschaftlichen Wochenblatt 1955, sei das «bedeutendste Zuchtzentrum der Westfälischen Rotbuntzucht».[6] Mitte des 20. Jahrhunderts waren Schwerpunkte der frühen Zucht um 1900 noch erkennbar. Selbstverständlich war das nicht, denn die am Ende des 19. Jahrhunderts noch lokalen Vereine hatten sich oft widerstrebend nach und nach regional zusammengeschlossen. Während der NS-Zeit geschah das unter Zwang. 1933 wurden die Organisationen in einem «Westfälischen Rinderstammbuch» gebündelt, das Daten und Netzwerke für ganz Westfalen zusammenführte. Während des Krieges brach die Zwangsorganisation von Milchkontrollen und Zuchtregeln zusammen. Ab 1948 wurden die Zusammenschlüsse mithilfe von Werbung und Anreizsystemen erneuert.

Die halbstaatliche Landwirtschaftskammer in Münster hatte die Zentralisierung schon seit dem ausgehenden 19. Jahrhundert unterstützt. Tierzuchtämter waren gegründet, Tierzuchtinspektoren angestellt worden. Sie organisierten in Abstimmung mit den Züchterverbänden Auktionen und Tierschauen. Sie wirkten bei der Auswahl auszustellender Tiere mit. Sie fuhren von Hof zu Hof, um Tiere zu begutachten und mit den Bauern zu fachsimpeln. Staatliche Verwaltung und Selbstverwaltung wirkten zusammen. Es entstand Leistungskonkurrenz auf der Grundlage quantitativer und qualitativer Kriterien. Milchmenge und Fettgehalt ließen sich messen und zweifelsfrei vergleichen. Aber der eben bereits zitierte Landwirtschaftsrat Schraeder riet, «gute Dauerleistungen» höher als «bluffende Spitzenleistungen» zu werten. «Adel» solle ein Rind haben, schrieb er weiter. «Geschlossen» solle es sein.[7] Über diese schwer messbaren qualitativen Kriterien konnten persönliche Netzwerke und gemeinsame ästhetische Überzeugungen in die Bewertung einfließen. In den Berichten über Auktionen und Tierschauen tauchen in den 1950er-Jahren auffallend viele Bauern aus den Nottulner Bauerschaften auf. Überhaupt waren auf Tierschauen häufig die gleichen «bekannten Stammzuchten»[8] vertreten. Es liegt nahe, hier das sanfte Wirken des Netzwerkes aus Landwirtschaftskammer und Züchterverbänden zu vermuten. Im Alltag kam das Verbandswesen freundlich daher. Tierzuchtinspektor wäre er gern geworden, erinnerte sich mein zweitältester Bruder Kaspar, der eigentlich schon früh von der Landwirtschaft gedanklich Abschied genommen hatte. Da kam man viel herum, musste nicht körperlich arbeiten, hatte etwas zu sagen, und alle hörten zu.

Seit den 1920er-Jahren haben sich auf unserem Hof «Taschenbücher für [Milch-]Kontroll-Assistenten» sowie «Stallbücher für rotbunte Kühe» erhalten, die über Abstammung, Leistung und Nachkommen jedes Tieres Auskunft geben. Schon mein Großvater, der den Hof 1902 nach dem Tod seiner Eltern übernommen hatte, war also Rinderzüchter gewesen, möglicherweise bereits im Zusammenhang mit den Züchtern aus Buxtrup. «Wolke II», der erste Star unserer Kuhherde, war noch zu seiner Zeit geboren worden. Mein Vater übernahm die Zucht und baute sie aus. Acht Kühe hatte mein Großvater gehalten. Mit der ersten Baumaßnahme meines Vaters 1950 wurde auf der Tenne, dem Hauptwirtschaftsraum mit Kuhstall, Pferde- und Rinderställen, Platz für zwölf Tiere geschaffen. Für die 1960er-Jahre liegen «Hauptbücher» vor, in denen jede dieser Kühe eine eigene Seite hat. Außerdem gibt es noch die «Probemelkbücher», die der Milchkontrolleur am Hof führte. Auch er war für die ältesten Geschwister bewundernswert: Onkel Schürmann fuhr Motorrad, später Auto, und musste wie der Tierzuchtinspektor nicht körperlich arbeiten. Er durfte in unserem Fremdenzimmer an einem richtigen Schreibtisch sitzen, auf dem auch das Telefon stand, und seine Einträge machen. Wenn er spät kam, übernachtete er bei uns und bekam morgens ein anständiges Frühstück.

Onkel Schürmann war einer von 895 Mitarbeitern, die sich 1960 um die Milchleistungsprüfung in Westfalen kümmerten. Weniger als die Hälfte der westfälischen Kühe war aber in das Kontrollsystem einbezogen.[9] Vor allem die kleineren Höfe weigerten sich, und das war aus ihrer Sicht auch sinnvoll. Die 18 Kleinbauern auf der Horst mit deutlich unter 10 Hektar Land hatten vor 1914 keine Pferde gehabt. Sie mussten ihr Rindvieh, laut Zählung[10] 1 bis 4 Tiere, vor den Pflug oder die Egge spannen. Sollten sie im Ernst versuchen, mit den Größeren zu konkurrieren, deren Kühe auf der Wiese grasten, im Stall Kraftfutter erhielten und sich auf Milchproduktion und Fleischigwerden konzentrieren konnten? Anfang der 1950er-Jahre hatten zwar auch die Kleinen auf der Horst ein Pferd. Nach wie vor aber mussten sie Rinder anspannen, schon allein deswegen, weil Pferde in der Regel den Pflug zu zweit zogen. Manche ihrer Kühe weideten, von Kindern am Strick gehalten, die Straßenränder ab, weil die eigenen Wiesen nicht ausreichten. Warum hätten sie die Gebühr für die Milchkontrollen und den Mitgliedsbeitrag für den Züchterverband zahlen sollen? Ihre Tiere wären ohnehin chancenlos gewesen.

Züchter waren eine Macht im Münsterland der 1950er-Jahre. Einerseits unter den Bauern. Seit dem Reichszuchtgesetz von 1936 durften nur noch Bullen Nachkommen haben, die die Züchterverbände als geeignet bewertet hatten. Das brachte die Verbände in eine Schlüsselposition. Die Bullenpreise auf den Auktionen stiegen. Bullenhaltungsgenossenschaften wurden in großer Zahl gegründet, um nicht vom knappen Angebot weniger Großbauern abhängig zu sein. Auch die Kleinbauern unserer Bauerschaft Horst mussten sich ihnen anschließen, wenn ihre Kühe Nachkommen haben und Milch geben sollten.

Die Züchter waren aber auch gesamtwirtschaftlich wichtig. Die Halle Münsterland, heute ein Messe- und Kongresszentrum, war in den 1920er-Jahren als ihre Auktionshalle gebaut worden. «Willkommen, westfälische Landwirte»[11] stand bei der Eröffnungsveranstaltung im April 1926 auf dem Ehrenbogen vor dem Eingang. Als eines der ersten Gebäude Münsters wurde die Halle direkt nach dem Zweiten Weltkrieg wieder aufgebaut. Die vier Gesellschafter hatten darauf gedrungen. Neben der Stadt Münster waren das der Westfälische Pferdezuchtverband, das Westfälische Rinderstammbuch und der Schweinezüchterverband Westfalen-Lippe.[12] Der Wiederaufbau gelang erstaunlich schnell, weil die Bauern besonders gut Baumaterial besorgen konnten – wenn nicht legal, so über den Schwarzmarkt, für den sie begehrte Güter bereithielten. In den 1950er-Jahren wurde die Halle mehrfach erweitert. Immer mehr Tiere brauchten Platz. 1949 waren rund 2600 rotbunte Bullen, Kühe und Kälber verkauft worden. Zehn Jahre später waren es 7700.[13] Eine neue Auktionshalle wurde errichtet. Auch die jährlichen Landwirtschaftsausstellungen wuchsen und wuchsen. 1961 war «das Jahr der Rekorde»:[14] Mehr Züchter, mehr Tiere waren nie im Westfälischen Rinderstammbuch verzeichnet gewesen. In Mecklenbeck am Rande von Münster sollte ein landwirtschaftliches Zentrum entstehen, weil in der Umgebung der Halle Münsterland keine Erweiterungsflächen mehr verfügbar waren, die die boomende Viehwirtschaft zu benötigen glaubte.

Der monatliche Zuchtviehmarkt in der Halle Münsterland war so etwas wie das Hochamt der westfälischen Rotbuntzucht. Mein Vater und meine älteren Geschwister waren mittendrin. Alle erinnern sie sich daran. Drei Monate vor dem Markttermin mussten die zum Verkauf stehenden Tiere angemeldet werden. Eine Woche vorher kam der Katalog mit der Post, von Vater und den ältesten Jungen sehnlichst erwartet, eifrig studiert und diskutiert. Am ersten Tag des Marktes wurden die Bullen gemäß dem weiter geltenden Reichszuchtgesetz von 1936 bewertet oder «gekört». Wer bei der Prüfung durchfiel, «abgekört» wurde, ging zum Schlachthof. Wer durchkam – und möglicherweise sogar in die erste Klasse eingeordnet wurde –, konnte bei der eigentlichen Auktion am zweiten Tag einen hohen Preis erzielen. 1955 betrug der Durchschnittspreis für Bullen 1975 DM, der Höchstpreis aber 17 000 DM.[15] Im November 1961 verkaufte mein Vater einen Bullen mit Namen «Traktor» zum Preis von 7200 Mark. Das lag mehr als 2700 Mark unter dem Durchschnitt der Verkaufserlöse in der ersten Klasse der Bullen, in die «Traktor» eingereiht worden war. Der teuerste Bulle wechselte für 25 000 Mark den Besitzer.[16]

1952 hatte mein Vater einen Schweinestall neu bauen

lassen.[17] Laut Viehzählung[18] hatten dort ein paar Jahre später zehn oder elf Schweine in Einzel- oder Zweierställen Platz gefunden. Es gab eine «Schweineküche», in der Kartoffeln für die Tiere gekocht wurden. Im oberen Stockwerk des Schweinehauses befanden sich Kornböden und eine Mühle mit direkter Rohrverbindung zur Schweineküche. Die Gesamtkosten betrugen knapp 30 000 DM. Für den Preis des teuersten Bullen im November 1961 hätte man also auch ein Schweinehaus bauen können. Jedenfalls fast. Wer mit einem Bullen zum Zuchtviehmarkt fuhr, wusste, dass in den nächsten beiden Tagen vieles passieren konnte, zwischen Schlachtopfer und Hauptgewinn. Paul, der den Zuchtviehmarkt erst Ende der 1960er-Jahre erlebt hat, erinnert sich lebhaft an «abenteuerliche Summen», die bei Bullenversteigerungen aufgerufen wurden. «Weil solche Beträge eigentlich für nichts anderes ausgegeben wurden. Jedenfalls was ich wusste.»

Auch Kühe und Rinder – im Sprachgebrauch der Züchter waren das noch nicht geschlechtsreife weibliche Tiere – wurden am ersten Tag in Klassen eingeteilt und am zweiten Tag verkauft. Die Spanne zwischen Durchschnitts- und Höchstpreis lag hier niedriger: 1300 zu 2500 bei den Kühen, 1400 zu 3200 bei den Rindern im Jahr 1955. Aber auch das war noch eine beträchtliche Differenz. Bei Körung, Klasseneinteilung und Verkauf stand für die Beteiligten einiges auf dem Spiel. Hunderte Bauern und Aufkäufer drängten sich in den steil ansteigenden Rängen der Halle, mit Katalog, Bratwurst und Bier bewaffnet. Bayern, Württemberger, Pfälzer und Saarländer waren darunter, denn mehr als die Hälfte der angebotenen Tiere ging in den 1950er-Jahren in Regionen außerhalb Westfalens, vor allem nach Süd- und Südwestdeutschland. Einer der Richter bei Körung und Klasseneinteilung war ein Tierzuchtinspektor, der andere ein gewählter Vertreter der Bauern. Es konnte Unmutsäußerungen geben, wenn sie nach Meinung der Mehrheit daneben lagen. Am zweiten Tag konnte die Auktion Fehlurteile korrigieren. In den Berichten des Landwirtschaftlichen Wochenblatts – jede einzelne Auktion wurde in den 1950er- und 1960er-Jahren ausführlich besprochen – ist häufig davon die Rede, dass nicht der prämierte Siegerbulle, sondern ein anderes Tier den Höchstpreis erzielte. Nur für die abgekörten Bullen konnten die Käufer nichts mehr tun. Sie waren bereits tot. In der Aufregung geschahen die merkwürdigsten Dinge. Vater kaufte Würstchen mit Senf für die Kinder, die mitgekommen waren. Das gab es sonst nie.

Bauer war bis in die 1960er-Jahre ein öffentlicher Beruf. Jeder konnte sehen, wie geackert, gesät, geerntet wurde. Viele konnten das beurteilen. Laut einer Umfrage aus dem Jahr 1955 stand melken auf Platz fünf der Tätigkeiten, die repräsentativ Befragte zu können glaubten: nach Rad fahren, Suppe kochen, schwimmen und stricken, aber noch vor Autofahren oder Schreibmaschineschreiben.[19] Viele waren interessiert: Wer begann wann mit der Arbeit? Wann war Feierabend? Wurden Kühe, Pferde oder schon ein Trecker vor den Pflug gespannt? Welche Ackergeräte wurden benutzt? Kühe und Schweine liefen auf Wiesen herum. Ihre Körper und ihr Verhalten ließen Rückschlüsse auf Haltungsbedingungen und Pflege zu. Bauern schätzten sich selbst und andere ein, wenn sie durch Felder und Wiesen fuhren. Dafür gab es Anlässe: Der Kirchgang am Sonntag, aber auch der Transport von Kühen und Sauen, die den Zuchtgesetzen entsprechend von einem gekörten Bullen oder Eber gedeckt werden mussten. Vater besuchte teils allein, teils mit einem der großen Jungen andere Züchter, um ihre Herden anzuschauen. Welche Charakteristika hatten die Nachkommen eines Bullen? Lohnte es sich, die Gebühren zu bezahlen, um ihn für die eigene Zucht einzusetzen? Der Zuchtviehmarkt trieb die Öffentlichkeit auf die Spitze. Monat für Monat wurde zunächst in Körung und Klasseneinteilung, dann beim Verkauf in Mark und Pfennig ausgedrückt, wie groß die Wertschätzung für einen Züchter war. Jeder konnte sich mit eigenen Augen ein Bild von der Konkurrenz machen. Alle diskutierten über Urteile und Preise.

Katharina, zehn Jahre jünger als Hermann und als Mädchen ohnehin nur Zaungast der Männergesellschaft der Züchter, erinnert sich mit ein wenig Ironie: «Ich habe den Zuchtviehmarkt mitbekommen und oft die Vorbereitung, wenn die Tiere entsprechend am Tag vorher gewaschen wurden. Die Schwänze wurden besonders gewaschen, das Fell wurde aufgerauht, so dass die Kühe oder Rinder oder Bullen ein bisschen aufgemotzt, fülliger aussahen und einen richtigen Rahmen hatten. Und dann schliefen die jungen Bauern in den Ställen vor oder hinter den Trögen, wo die Tiere standen, und am nächsten Tag wurden die Tiere verkauft.»

Von diesen Übernachtungen bei den Tieren erzählen Hermann und Wilhelm gern. Junge Männer tranken, rauchten und diskutierten. Manche machten einen Abstecher in die Kneipen der Stadt. Kopf an Fuß lagen sie anschließend vor ihren Kühen im Stroh. Am nächsten Morgen hieß es zeitig aufstehen. Spätabends oder nachts waren die Ergebnisse der Körung und Klasseneinteilung gedruckt worden. Mit den fliegenden Blättern in der Hand eilten Aufkäufer anderer Rinderzuchtgebiete und auch westfälische Züchter frühmorgens durch die Ställe, um ihre Favoriten ein letztes Mal in Augenschein zu nehmen. Wenn das Tier dann schon gewaschen, gebürstet oder, in Katharinas Worten, «aufgemotzt» war, brachte es mehr Geld. Das Wochenblatt mahnte die Züchter, die Tiere sorgfältig für den Markt vorzubereiten. «Die Zuchtviehversteigerungen [sind] eine Visitenkarte des Verbandes. ... Der Eindruck, den der oft weit gereiste Interessent von unseren Absatzveranstaltungen mit nach Hause nimmt, ist nicht ohne Einfluß auf die weitere Entwicklung des Absatzes nach Süddeutschland.»[20]

Eine noch größere Attraktion als der Zuchtviehmarkt waren die Tierschauen. Auf Reichsebene hatte es die erste 1887 in Frankfurt gegeben. Sie war Teil der ersten Landwirtschaftsausstellung gewesen, die die zwei Jahre zuvor gegründete Deutsche Landwirtschaftsgesellschaft zusammengestellt hatte. Von nun an würde die Ausstellung jedes Jahr an einem anderen Ort stattfinden. In Westfalen wie in anderen Gebieten des Reiches gab es seit der Jahrhundertwende zusätzlich regionale Ausstellungen. Auch sie waren eine Attraktion. Um 1900 klagte die Nottulner Dorfchronik, dass «in Folge der Tierschauen und Kriegerfeste, die so vielerorts stattfinden»,[21] der auswärtige Besuch des Schützenfestes sehr nachgelassen habe. Nach dem Zweiten Weltkrieg fand die erste, nun bundesweite Schau 1950 in Frankfurt am Main statt. Knapp 500 000 Besucher wurden gezählt. Wolke II fuhr mit dem Zug hin und gewann. Gut – es waren nur westfälische rotbunte Kühe auf der Ausstellung, insgesamt waren es 16, und jede erhielt einen Preis. Aber Wolke II erhielt den einzigen Siegerpreis.[22] Die Urkunde wurde gerahmt und mit den Urkunden für andere Kühe bei uns in der Diele gleich neben dem Hauseingang aufgehängt. Preise brachten

Geld. Nicht unbedingt die Sachpreise, die bei den Ehrungen verteilt wurden: eine Uhr, die ständig aufgezogen werden wollte und dann viertelstündlich eine Tonfolge abspielte, ein silbernes Reliefbild von Bauer und Pflug mit einem Sinnspruch von Goethe, der einsam und vergebens Signale von Bauernideologie und Bildungsbürgertum in unsere Diele sendete. Wichtiger war, dass möglichst viele Bauern von dem Erfolg erfuhren. Bei den nächsten Zuchtviehmärkten konnte er die Klasseneinteilung beeinflussen und die Preise hochtreiben.

Seit Ende der 1950er-Jahre begleiteten Hermann und dann Wilhelm die Kühe, die es aus unserem Stall in die Ausstellungsauswahl geschafft hatten. Das konnte dauern. Nach München war der Zug mehrere Tage unterwegs. In den Kuhwaggons junge Männer mit Alkohol, Vorfreude auf eine fremde Stadt und Spannung wegen des bevorstehenden Wettbewerbs. Im Personenzug Bauern und manchmal auch Bauernpaare aus dem Münsterland, viele aus dem Kreis Münster darunter, die sich mittlerweile gut kannten. Für sie war die Tierschau auch eine Erlebnisreise. Meine Eltern machten von München aus einen Abstecher an die Alpen und von Hamburg aus ans Meer. «Eigentlich, außer mit der Kuh, konntest du nicht weit rumkommen», sagt Hermann. Wilhelm, sehr jung mit der Aufgabe des Mitfahrens betraut, erinnert sich auch an die Orientierungslosigkeit: Wo genau lag München eigentlich und wie lange würde es dauern hinzukommen? Warum rangierte der Zug schon wieder? Wann würde es Zeit zum Pinkeln geben und zum Wasserholen für die Kühe? Und wie den großen Jungs aus dem Weg gehen, die ein Opfer für Spott- und Saufrituale suchten?

Die große Zeit der Auktionen und Ausstellungen klang

Mitte der 1960er-Jahre aus. Die Züchterverbände gaben ihre Planungen für ein großes Zentrum in Mecklenbeck 1965 auf. Die Märkte schrumpften, die Viehausstellungen verloren an Bedeutung. Erster Vorbote dieses Niedergangs war der erbitterte Streit um die künstliche Besamung Anfang der 1950er-Jahre. Die Idee war aus Dänemark gekommen und ursprünglich als Mittel gegen die Weiterverbreitung von Viehseuchen gedacht gewesen. Aber ihr Veränderungspotential war enorm. Wenn der Bulle in einer Kuhherde gehalten wird, brauchen zwanzig bis dreißig Kühe einen Bullen. Genossenschaftsbullen, die allein lebten und Kühe glücklich machten, die ihnen zugeführt wurden, konnten fünfzig Kühe besamen. Bei der künstlichen Samenübertragung lag das Verhältnis bei 1500 zu 1.[23] Herausragende Bullen konnten nun enorme Auswirkungen haben. Das machte die Bestenauswahl leichter, beschwor aber auch die Gefahr von Inzucht herauf. Vor allem aber geriet der Bullenmarkt in Gefahr, der seit dem Reichszuchtgesetz von 1936 so geboomt hatte. Die Züchterverbände kämpften erbittert gegen die neue Erfindung. Aber sie konnten ihre Durchsetzung nur verzögern. 1961 wurden 42 Prozent der Kühe in Deutschland künstlich besamt, bei großen regionalen Unterschieden.[24] Die Zahl der im Westfälischen Rinderstammbuch verzeichneten Bullen begann Ende der 1950er-Jahre zu sinken, ebenso die Zahl der beim Zuchtviehmarkt verkauften Bullen.[25]

1960 kam es bei einer Stammbullenschau des Westfälischen Rinderstammbuchs zu Auseinandersetzungen. Der Siegerpreis war an «Fachmann» gegangen – ein lustiger Name für ein Tier, dessen Hauptaufgabe die Produktion von Nachkommen war. Er verkörperte zwar «im Gesamterscheinungsbild den Typ des rotbunten Bullen» und konnte herausragende «Abstammung ... und Leistungen der weiblichen Vorfahren» nachweisen. Doch seine «Milchmengenvererbung [sei] für einen Siegerbullen zu schwach und zu unsicher», hielten die Kritiker dagegen. Bei älteren Tieren war es mittlerweile möglich, gesichertes Wissen nicht nur über Vorfahren, sondern auch über Nachkommen zu haben. Erste Datenverarbeitungsprogramme machten das möglich. Die durchschnittliche Milchleistung der Kühe, deren Vater «Fachmann» mithilfe der künstlichen Besamung geworden war, ragte aber nicht heraus. Das wusste ein Teil des Publikums. Es war an bestmöglichen Milchleistungen interessiert und wollte daher Bullen prämiert sehen, die diese Leistungen vererben konnten. Die Jury hing dagegen noch an ästhetischen Kriterien. Das Wochenblatt versuchte zu vermitteln: «Nun, die Preisrichter haben geurteilt und ihr Urteil begründet. Man kann kritisch zu der Entscheidung Stellung nehmen, aber man sollte Toleranz üben.»[26] Ich gehe davon aus, dass «Fachmanns» Preis auch in unserer Familie lebhaft diskutiert wurde. Er kam aus dem Stall meines Onkels, der als jüngerer Bruder meines Vaters ebenfalls Landwirtschaft gelernt hatte. Durch Heirat hatte er einen zwanzig Kilometer entfernten Betrieb übernommen und, der Tradition des Vaters folgend, den Betrieb auf Rinderzucht umgestellt.

In unserem Probemelkbuch der Jahre ab 1962 findet sich ein erster Computerausdruck mit einem Bestandsabschluss für das Jahr 1963. Auch Informationen über Kühe wurden quantifiziert und mit immer besser werdenden technischen Verfahren nutzbar gemacht. Daten gewannen die Oberhand gegenüber ästhetischen Kriterien wie «Adel», «Rahmen» oder «Geschlossenheit». Ab 1966 wurde im Katalog des Zuchtviehmarktes für jeden Bullen ein Erbwertschätzungsergebnis abgedruckt, «das sich auf Grund neuester Erkenntnisse mit Hilfe einer Datenverarbeitungsanlage errechnen läßt». Um den Katalogumfang nicht übermäßig aufzublähen, fiel im Gegenzug die Dokumentation der dritten Vorfahren-Generation der zum Verkauf stehenden Tiere weg. «Ein Verzicht auf diese Angabe entspricht modernen Erkenntnissen, nach denen die Leistung der dritten Generation kaum mehr einen Aussagewert für die Leistungsvererbung hat.»[27] Das war ein Schlag ins Gesicht der Züchtergeneration meines Vaters, die sich an Vererbungslinien von Bullen und Kühen orientiert und dieses Wissen in Netzwerken von Züchtern diskutiert hatte. «Mag auch ein Bulle auf einer DLG-Schau Siegerbulle geworden sein, wenn er im Erbwertschätzungsverfahren ein ‹S› auf einer Seite bekommen hat, ist er trotz dieses Sieges zur Verbesserung der Landeszucht nicht geeignet und wird abgekört.»[28]

Nicht nur einige Bauern, sondern auch die Tierzuchtinspektoren bei der Landwirtschaftskammer bedauerten das Ende der Ästhetik. Gegen ihren hinhaltenden Widerstand maßen immer mehr Bauern der Milchleistung einer Kuh immer größere Bedeutung zu, während die Verwendbarkeit als Schlachtvieh allmählich in den Hintergrund trat. Als Fleischlieferanten wurden rotbunte Kühe – wie früher schon ihre schwarzbunten Verwandten – immer weniger gebraucht. In einer Welt der Leistungsdaten, Computerausdrucke und Milchseen verloren aber Tierschauen und Zuchtviehmärkte, die optische Eindrücke zur Grundlage von Bewertung und Kauf gemacht hatten, mehr und mehr ihren Sinn. Der Genetiker und Leiter des Instituts für Milcherzeugung in Kiel, Professor Hans Otto Gravert, ätzte 1966 im

Landwirtschaftlichen Wochenblatt, die Tätigkeit der Preisrichter auf DLG-Schauen werde «mehr und mehr auf die einer Jury bei einer Wahl der Miß Germany herabsinken». Ihr Preisurteil stelle «keine ... für die Zuchtpraxis wesentliche Information mehr dar». Für den Landwirt seien Berichte und Urteile, die auf Kriterien wie Form, Fundament und Adel beruhten, «weniger wert ... als die Zeit, die er zum Lesen braucht oder das Bier, das er in der Versammlung trinkt». Er wende sich «den greifbaren Dingen Stallbau und -einrichtung, Maschinen, Fütterung und Hygiene zu» und überlasse die Züchtung denjenigen, die glaubten, davon etwas zu verstehen.[29]

Infolgedessen änderte sich das Geschäftsmodell der Züchter unter den Rindviehhaltern. Der Preis für eine individuelle Kuh oder einen einzelnen Bullen hörte auf, zentraler Bestandteil ihrer Rentabilitätsberechnungen zu sein. Ins Zentrum rückte die von den Kühen insgesamt gelieferte Milchmenge. Hier mussten bestimmte Qualitätsstandards eingehalten werden. Ansonsten galt: mehr Kühe – mehr Milch – mehr Geld. «Hinterher, die reinen Milchviehbetriebe», erinnert sich Hermann, «die haben ja weniger Arbeit reingesteckt und die haben auch Geld verdient.» Technische Innovationen konzentrierten sich auf den Melkvorgang: Melkmaschinen, Melkstände, damit verbunden Fütterungstechnik und neuartige Kuhställe insgesamt. Hier aber stieg mein Vater aus. Wir kauften in den frühen 1960ern zwar noch eine Melkmaschine, aber wir bauten den Stall nicht mehr für die Innovationen um, die sich in der zweiten Hälfte der 1960er-Jahre abzeichneten. Was nun kam, war nicht mehr die Welt meines Vaters. Die Unterlagen zu unserem Hof erlauben keine Gewinn- und Verlustrechnungen. Es ist aber davon auszugehen, dass der Verzicht auf Innovation in den späten 1960er-Jahren die finanziellen Möglichkeiten ganz allmählich kleiner werden ließ. 1966 gewann mein Vater ein letztes Mal auf der DLG-Schau in Frankfurt am Main einen 1b-Preis für eine Kuh. Ihr Name war «Ruine».[30]

## Arbeiten

«Sommerferien – du kamst nach Hause, umziehen, arbeiten. So. Und es gab ja keinen Tag, wo du nichts machen musstest, und nachher waren Ferien zu Ende, wieder zum Internat.» Arbeit, so Kaspar, war das Leben für die älteren Kinder, sofern sie nicht in der Schule waren oder, daran erinnern sich die anderen älteren Geschwister, Hausaufgaben machten. Das war die einzige Alternative zur Hof- und Hausarbeit, die akzeptiert wurde. Arbeit war immer. Die weit überdurchschnittliche Arbeitsbelastung von Kindern und Jugendlichen auf dem Land war in den 1950er-Jahren bekannt und wurde vom Jugendschutz vielstimmig beklagt. Für meine älteren Geschwister war sie eine natürliche Folge der Zugehörigkeit zur Familie und damit zum Hof. Nicht-arbeiten hätte bedeutet, die anderen im Stich zu lassen. Daher wichen alle der Arbeit manchmal und ein wenig aus, lehnten sie aber nicht grundsätzlich ab. Warum auch? Was wäre die Alternative gewesen?

Bei genauerem Hinsehen arbeiteten nicht alle in gleicher Weise. Arbeit unterschied sich nach Alter und sozialer Stellung, vor allem aber nach Geschlecht. Männer machten die

Feldarbeit und kümmerten sich um das Rindvieh, die Pferde und später die Traktoren und Maschinen. Frauen machten den Haushalt, den Garten, versorgten Hühner und Schweine und molken die Kühe. Ob die Arbeit unterschiedlich wertgeschätzt wurde? «Jungs sind tausend Taler mehr wert», habe Vater erläuternd zu ihr gesagt, wenn sie sich über die ungleiche Behandlung gegenüber ihren drei älteren Brüdern beschwert habe, sagt Mechthild. Niemand sonst erwähnt diesen Satz. In Mechthilds Interview ist er ein zentrales Motiv. Sie habe ihrem Vater zeigen wollen, dass auch Mädchen gute Arbeit leisten könnten, und sich daher zur Feldarbeit, zum Melken und zum Säubern der Melkmaschine angeboten. Hat sie Vater überzeugt, so dass dieser Satz später nicht mehr fiel? War Mechthild die Einzige unter den Mädchen, die Feld- und Stallarbeit höher einschätzte als Hausarbeit und sich freiwillig unter die Fuchtel von Vater begab?

Die Arbeitsteilung veränderte sich: Als die Melkmaschine kam, ging die Aufgabe des Melkens an die Männer über. Als der Traktor kam, blieben die Kinder länger auf dem Feld, weil Aufgaben wie das Ringeln oder Walzen nun kinderleicht geworden waren. «Den Schlepper selbständig zu fahren ist für Jungen, aber auch für viele Mädchen eine Selbstverständlichkeit, sobald ihre Körpergröße und Stärke das Niedertreten des Kupplungspedals ermöglicht»,[31] stellte der Agrarsoziologe Julius Otto Müller 1964 fest. Auf unserem Hof wurden Holzklötze und Latten als Hilfsmittel zurechtgesägt, damit auch noch Jüngere Bremse und Kupplung bedienen konnten. «Die moderne Technik hat die Produktivität des Kindes gesteigert und seine Einsatzmöglichkeiten erweitert»,[32] heißt es in einer anderen Darstellung aus den 1960er-Jahren.

Es gab Hierarchien: Mutter war fast immer im Haus oder

bei den Hühnern. Die bei ihr angestellten Frauen, die «Stützen», und später ihre Töchter übernahmen das Melken der Kühe und das Füttern der Schweine. Es gab Ausnahmen: In der Ernte wurden alle Hände gebraucht, dann waren auch die Frauen draußen. Die Hackarbeit im Rübenfeld übernahmen Frauen und Kinder, obwohl es Feldarbeit war. Die Begründung findet sich ebenfalls bei Julius Otto Müller: «Der Mann zeigt bei den gemeinsamen Feldarbeiten in der Regel wenig Neigung zur Arbeit mit Handgeräten.»[33] Auch bei uns führten die Frauen Harke und Hacke, die Männer arbeiteten mit Maschinen.

Ein Teil der Frauenarbeit war einträglich. Noch bis in die 1950er-Jahre kamen regelmäßig fahrende Händler vorbei, die Eier und Butter kauften, Produkte also, die im Arbeitsfeld der Frauen erzeugt wurden. Das Geld ging in eine Kasse, aus der die Frauen eigenständig Ausgaben für Haushalt und Kinder tätigen konnten. Zwischen Mitte der 1950er- und Ende der 1960er-Jahre verschwand diese Kasse. Zunächst ging die Milch mit der Melkmaschine in den Männerbereich über. Milch wurde bald komplett an die Molkerei abgeliefert, vom Eigenbedarf unseres Haushaltes abgesehen. Die Milchzentrifuge, in deren mechanischen Kettenantrieb Mechthild Ende der 1950er-Jahre fast hineingezogen worden wäre, weil sich ihr Haar darin verfangen hatte, wurde außer Betrieb gesetzt und auf dem Balken verstaut. Butterproduktion und Butterverkauf hatten ein Ende. An Kontroversen über das Ende der Milchvermarktung durch die Frauen des Hauses erinnern sich meine Geschwister nicht. Es gab sie durchaus. Molkereien entwickelten eigene Argumentationshilfen, um Frauen zu überzeugen. Sie wussten, dass viele Männer innerehelich unter Druck geraten waren. Bäuerinnen mochten den Anschluss der Höfe an die zentrale Milchsammlung nicht, weil er eine Einschränkung ihrer finanziellen Eigenständigkeit bedeutete.

Die Hühnerhaltung wurde von einem Nebenerwerb vieler Frauen zu einem Hauptgeschäft weniger Männer. Massenställe mit Käfighaltung entstanden, die nicht mehr an fahrende Händler, sondern an den stationären Großhandel lieferten. Dass sich ganze Betriebe und damit ja auch die männlichen Betriebsinhaber um Hühner kümmerten, war einerseits – bedenken wir die traditionelle Arbeitsteilung auf den Höfen – wirklich eine Überraschung. Andererseits zeigen die Viehzählungen der direkten Nachkriegszeit, dass auch die Bauern auf der Horst, unser Hof inbegriffen, mit der Idee experimentierten, Hühner zu einem zentraleren Geschäftszweig zu machen. 1949 hielten wir 86 Hühner, so viele wie sonst niemand auf der Horst. 1954 waren es noch 74. Andere Bauern auf der Horst hatten uns überholt. Ihre Hühnerzahlen waren nun deutlich dreistellig.[34] Ein gutes Jahrzehnt später gaben wir die Hühnerhaltung auf. Das wiederkehrende Gemetzel – die Hühner wurden nicht auf einen Schlag abgeschafft, sondern nach und nach, so dass wir sie der Reihe nach essen konnten – gehört zu den frühen Kindheitserinnerungen von Matthias und mir. Der Hals des Tieres wurde auf einem Hauklotz mit einem Beil durchgeschlagen, der kopflose Körper lief dann noch ein wenig herum, bevor er zusammenbrach. Die weiteren Arbeitsgänge, das Rupfen, das Ausnehmen usw., waren weniger spannend.

Unsere Arbeitsteilung, bei der – abgesehen vom Rübenfeld und der Ernte – die Frauen im Haus arbeiteten, war nicht selbstverständlich. Nur wohlhabendere Bauernfamilien konnten es sich leisten, Frauen von der Feldarbeit zu entlasten. Am Sonntag beim Kirchgang sahen es nicht nur die Nachbarn: Ärmere Frauen waren braun gebrannt. Eine Frau, die in den 1950er-Jahren auf dem Land auskömmlich lebte, war blass. Und ging gerade. Frauen, die im Stall arbeiteten, bewältigten vor der Zeit der Wasserleitungen und Förderbänder enorme Traglasten. 461 Liter Wasser, hat eine zeitgenössische Untersuchung festgestellt, trug eine Bauersfrau täglich vom Brunnen Richtung Stall oder Haushalt.[35] Sie arbeitete sich allmählich krumm. Unser Hof hatte in der Nachkriegszeit fließendes Wasser. Aber es gab einige Ställe abseits des Hauptgebäudes, die keine Wasserleitung hatten. Dort waren allerdings Rinder und Bullen untergebracht – Männerarbeit. Mutter ging ganz aufrecht, und das war eine Botschaft. Sie wurde beim Kirchgang Jahr für Jahr ein wenig deutlicher, weil mein Vater, in jungen Jahren ein fast hochmütig kerzengerade in die Kamera blickender Mann, allmählich kleiner und schief wurde.

Auch wenn meine Mutter und meine Schwestern sich nicht krumm arbeiteten, konnte Frauenarbeit bei uns hart sein. Feldarbeit in der Sonne war anstrengend. Erntearbeit auch. Aber meine älteste Schwester Mechthild nennt das Klo, als ich sie nach Maloche frage. Und die Kinder. Das Klo war Teil des Badezimmers, das sich alle teilten und das von der Tenne aus zugänglich war. Alle verrichteten dort ihr Geschäft. Es gab auch ein Plumpsklo hinter dem Kuhstall. Weil man durch das Kloloch direkt in die Jauchegrube fallen konnte, war es für jüngere Kinder ebenso spannend wie verboten. Weil es zurechtgeschnittene Zeitungen statt Klopapier und weder Spülung noch Waschbecken bot, war es bei den Älteren unbeliebt. «Aber wie man mit diesen Errungenschaften umgehen musste, wenn man das Klo benutzt hat oder das Waschbecken, das war keinem richtig eingängig. Aber meine Aufgabe als Älteste war oft, dieses Badezimmer samstags zu machen. Wenn dazu dann noch die Sachen verstopft waren, dann hat es mich angeekelt, und dann hab ich gesagt, das macht man selber, ich mache das nicht mehr.» So Mechthild. Die Fürsorge für die jüngeren Geschwister war insgesamt angenehmer, aber nicht in allen Teilen. Mechthild hat früh erzieherische Aufgaben übernommen: tagsüber achtgeben, morgens und abends das Waschen beaufsichtigen, vor allem aber: Windeln wechseln. «Die Windeln mussten ja immer noch geleert werden und dann eingelegt, damit sie gewaschen werden konnten.»

Ebenso wie später Katharina bei den Mädchen und früher Hermann und Wilhelm bei den Jungen war Mechthild allmählich zu einer vollwertigen Arbeitskraft geworden. In der ersten Hälfte der 1960er-Jahre hörten Vater und Mutter daher auf, familienfremde Arbeitskräfte jahresweise anzuheuern. Zunächst verzichteten sie Anfang der 1960er-Jahre auf die jungen Männer. Deren Arbeit erledigten nun die ältesten eigenen Söhne. Ab Mitte der 1960er-Jahre wurden auch keine jungen Frauen mehr beschäftigt. Das war auch deswegen möglich, weil die Technisierung mittlerweile die Küchen und Vorratsräume erreicht hatte. Wahrscheinlich war es auch wirtschaftlich notwendig, denn die Reallöhne stiegen in den 1950er- und 1960er-Jahren schnell. Familienexterne Arbeitskräfte wurden immer teurer. Zwischen 1960 und 1971 halbierte sich die Zahl der externen Arbeitskräfte auf westfälischen Bauernhöfen.[36] Nicht nur bei uns war nun der Hof die Familie – und umgekehrt. Erstmals wahrscheinlich seit dem beginnenden 18. Jahrhundert war unsere

Familie Mitte der 1960er-Jahre allein auf dem Hof. Einwohnerverzeichnisse, Steuerrollen und Häuserbücher aus dem 18. und 19. Jahrhundert hatten stets Knechte und Mägde auf Horst 17 verzeichnet. 1879/80 waren das ein Knecht Bernard Gödde und eine Magd Anna Kemming.[37] Insgesamt wurden in diesem Winter auf der Horst 28 Bedienstete gezählt, mehr, als die Bauerschaft Höfe hatte. 1882/83 war Bernard Gödde immer noch da, an die Stelle von Anna Kemming waren Gertr. Schröer und Ant. Lutermann getreten.[38] 1909 finden sich zwei Knechte und zwei Mägde.[39] Namen und gelegentlich überlieferte Zu- und Abgangsinformationen legen nahe, dass es meistens Töchter und Söhne von Kleinbauern der Horst oder einer nahegelegenen Bauerschaft waren, die sich als Knechte oder Mägde für ein Jahr verdingten und dann ein paar Häuser weiterzogen.[40] Die geschichtete Gesellschaft der Horst spiegelte sich im Alltag unseres Großvaters und Urgroßvaters wider.

Das war in den 1950er-Jahren anders. Die Zeit der Knechte und Mägde war vorbei.[41] Die männlichen Arbeitskräfte hießen nun «Eleven» und stammten aus vergleichbaren mittelbäuerlichen Betrieben. Manche waren wirklich, wie der Name «Eleve» andeutet, Auszubildende. Andere hatten die landwirtschaftliche Lehre bereits abgeschlossen und wollten zusätzliche Erfahrungen auf dem Hof eines erfolgreichen Rinderzüchters sammeln. Von den weiblichen Arbeitskräften machten einige bei uns eine Lehre in ländlicher Hauswirtschaft. Dieser neue Ausbildungsgang gehörte zur Strategie der Landwirtschaftskammern, das Leben auf dem Land für junge Frauen attraktiver zu machen. Andere hatten bereits ausgelernt und arbeiteten gegen Lohn. Die Ausbildung zog junge Frauen unterschiedlicher Herkunft an, die

«Stützen» waren sozial weniger homogen als die «Eleven». Verglichen mit den Knechten und Mägden des ausgehenden 19. Jahrhunderts waren sie aber ähnlich: Sie stammten aus der gleichen sozialen Schicht wie die Hofinhaber, und ihre Heimat war nicht mehr nur die Nachbarschaft, sondern öfter ein Ort im weiteren Umfeld des Münsterlandes. Die mittelgroßen Bauern der 1950er-Jahre kannten sich, über Arbeitsbeziehungen, über das gemeinsame Interesse an Rinderzucht und über Verwandtschaft und Heirat. Kaspar erinnert sich an Fahrten durch die Felder, bei denen Vater Äcker, Höfe und Familienbeziehungen zu Geschichten verband. «Der kannte bald die halbe Welt mit allen Verwandtschaftsverhältnissen. Da hattest du die Bauerschaft, und die wesentlichen Bauern aus allen Bauerschaften, und der eine kannte wieder dies und die Tochter von da her.»

Stützen und Eleven wurden für das Jahr ihrer Anwesenheit Teil der Familie. Sie aßen am gleichen Tisch und saßen abends mit am Herdfeuer oder im Wohnzimmer. Sie schliefen zwar im eigenen Bett, nicht aber unbedingt im eigenen Zimmer. Meine älteren Geschwister erinnern sich an ein insgesamt harmonisches Verhältnis zu den Mitlebenden auf Zeit. Viele kamen später zu Besuch vorbei. Konflikte gab es gelegentlich um den vierzehntägigen freien Samstagnachmittag der jungen Frauen. Durfte, musste unsere Mutter erlauben, dass ein Mann eines der Mädchen abholte? Wenn ja, wann musste es zurück sein? Ausbildungsverhältnis und Familiendenken konnten sich hier unangenehm überkreuzen.

Mechthild erinnert sich an das Ende der außerfamiliären Arbeitskräfte: «Ich schloss die Realschule ab, und dann hat Mutter mich gefragt, ob ich mir vorstellen könne, dass sie jetzt aufhört mit der Ausbildung der Hauswirtschafterinnen, und ob ich dann wohl hier im Haushalt ihr zur Hand gehen könnte, zum Beispiel auch das Putzen der Diele und des kleinen Wohnzimmers und der Küche, und ob ich das Badezimmer und so übernehmen könnte. Und dann hab ich ja die Ausbildung zur Erzieherin in Coesfeld gemacht. Und vorher die Frauenfachschule A. In der Zeit habe ich diese Aufgaben dann auch übernommen. Und Mutter hat gesagt, wenn du nachher anfängst zu arbeiten, dann brauchst du nichts abgeben von dem, was du verdienst, dafür hast du immer diese ganzen Arbeiten gemacht, die du jetzt übernimmst. Und so haben wir das dann auch geregelt.» Mechthild und später Katharina verrichteten ihre Hausarbeit parallel zu Schule und später pädagogischer Ausbildung. Meine ältesten Brüder konnten die Landarbeit als Teil ihrer Ausbildung begreifen. Weil zur Ausbildung auch «Fremdjahre» außerhalb des eigenen Betriebs gehörten, wurde darauf geachtet, dass stets einer von beiden, Hermann oder Wilhelm, zu Hause arbeitete, gleichzeitig aber die Ausbildung gelang.

Nach dem Ende der externen Arbeitskräfte gab es niemanden mehr, an den dreckige, schwere oder eklige Arbeit hätte delegiert werden können. Das unterschied die Arbeit meiner älteren Geschwister von der Arbeit der Geschwister meiner Eltern und Großeltern zwischen 1880 und dem Zweiten Weltkrieg. Wer mehr Zeit mit Arbeit verbracht hat, ist schwer zu sagen. Die Arbeit der vorhergehenden Generationen, geleistet vor der Maschinierung der Landwirtschaft und der Technisierung des Haushaltes, vor der Zeit des elektrischen Stroms und der Heizung, war sicher härter gewesen. Aber sie hatten das Schlimmste delegieren können. Das ging nun nicht mehr. Getan wurde, was gerade anlag. «Mit

Wünschen war zu der Zeit einfach nicht», sagt Katharina. Erstaunlicherweise nahmen meine Eltern aber doch Rücksicht, wenn es nicht anders ging. Wilhelm wollte nicht mit Pferden arbeiten und war wahrscheinlich auch nicht besonders geschickt in diesen Dingen. Mechthild und Kaspar ekelten sich vor der Verarbeitung frisch geschlachteter Schweine zu Wurst- und Fleischportionen. Dann wurden Lösungen gefunden. Aber die Regel war das nicht.

Was war gute Arbeit? Zögernd und dann doch auch wieder stolz nennen meine ältesten Geschwister die Ernte. Ernte war Drama. Die Garben mussten trocken unter Dach und Fach gebracht werden, sonst verdarben Korn und Stroh. Wenn das passierte, musste im Winter Futter zugekauft werden, um die Tiere zu ernähren. Das war ein wirkliches Problem für viele Bauern: «Der Ernährungszustand der Rinder und Kühe ließ … teilweise zu wünschen übrig», berichtete das Landwirtschaftliche Wochenblatt von der März-Auktion in Münster 1960. «Infolge der katastrophalen Dürre in den vorjährigen Sommermonaten sind die Futtervorräte knapp geworden … Dennoch sollten unsere Züchter bedenken, daß ausgehungerte und schlecht gepflegte Tiere keine gute Reklame sind.»[42] Aber der Zukauf von Futter kostete Geld, das Anfang der 1950er-Jahre für bauliche Veränderungen und danach für die technische Umrüstung der Betriebe auf Traktoren und Maschinen gebraucht wurde. Der Druck war hoch. Beim familiären Tischgebet betete die ganze Familie während der Saison um eine gute Ernte. War dann das Wetter günstig, mussten viele Hände schnell arbeiten. Fehler kosteten Zeit und, wenn Regen nahte, auch Geld. Katharina erinnert sich, dass ein von ihrer großen Schwester gepackter Wagen «auf dem Weg nach Hause dann … halt gekippt ist und das Fuder da halb auf dem Boden lag. Wie Vaters Reaktion war, brauch ich ja vielleicht nicht zu beschreiben.»

Erntetage waren lang, hart und konfliktträchtig. Alle wussten oder ahnten zumindest, was auf dem Spiel stand. Entsprechend groß waren Erleichterung und Stolz, wenn es geschafft war. «Wenn das letzte Fuder eingefahren wurde, war das ein Glücksgefühl: Jetzt ist die Ernte vorbei, und du hast es geschafft. Dann kamen wir auf den Hof gefahren. Dann wurde gesungen, da gab es schon den ersten Schnaps und halbes Bier und sowas, und dann nach dem Abendessen haben wir uns im Wohnzimmer oder draußen zusammen hingesetzt. Dann wurden alle Lieder, die man so kennt, gesungen, und dann gab es Bier und für Kinder, da gab's Schokolade, das war ein großes Fest.» So Kaspar. Katharina, acht Jahre jünger, bezweifelt, dass es das Fest bei uns gegeben hat, und hält Kaspar für einen schlechten Gewährsmann: «Der war doch überhaupt nie zu Hause. Der hat das im Buch gelesen. Der hat das nie mitgefeiert.» Kaspar wird ebenso wie ich in den Interviews immer wieder für inkompetent erklärt: War nie da, konnte nicht arbeiten, versteht nichts von den Dingen, hat eine blühende Fantasie, verwechselt die Bücher mit der Wirklichkeit. In diesem Fall scheint Kaspar recht zu haben. Mehrere Geschwister erinnern sich ähnlich wie er. Es gibt außerdem ein Foto vom auf den Hof fahrenden letzten Fuder, mit so vielen Menschen drauf wie eben möglich. Warum aber erinnert Katharina sich nicht? Wurde das Fest aufgegeben, als die auswärtigen Arbeitskräfte wegblieben? Als der Mähdrescher kam und die Arbeitsstunden dramatisch verringerte? In diesem wie in anderen Fällen erinnern sich meine Geschwister eher an die Ankunft des Neuen als an das Verschwinden des Alten.

Die Ernte war eine von mehreren Gelegenheiten, bei denen in den 1950er-Jahren größere Gruppen auf dem Hof arbeiteten. Auch das Schlachten gehörte dazu. Zur Verarbeitung des Fleisches und zur Produktion von Würsten wurden Frauen aus der Nachbarschaft oder Verwandtschaft hinzugezogen. Wenn im Herbst oder Winter die Dreschmaschine kam, packten Kötter und Kleinbauern aus der Umgebung tageweise gegen Lohn mit an. Zur Kartoffelernte wurden Schulkinder angeheuert. Zum Standardrepertoire meiner ältesten Geschwister gehören Erinnerungen an die Irritationen, die beim Aufeinandertreffen von Menschen entstanden, die sonst aneinander vorbeilebten. Diese Irritation aber war neu. Ende des 19. Jahrhunderts müssen im Zusammenleben mit Knechten und Mägden ständig Erfahrungen von Differenz gemacht worden sein. Wer wissen will, wie sie aussahen, sollte aufmerksam Astrid Lindgrens *Michel aus Lönneberga* lesen. Diese Alltagserfahrungen gab es nun nicht mehr. Nur beim Ernten, Schlachten, Dreschen und Kartoffelroden wurde deutlich, dass Arbeitsweisen, Tischmanieren oder Witze sehr unterschiedlich sein konnten. Aber für den einen Tag hielten alle das aus.

Häufiger als Kontakte über die sozialen Schichten hinweg waren Kontakte unter Gleichen. Sie halfen, den Übergang von der personalintensiven Wirtschaft mit Pferd zur kapitalintensiven Wirtschaft mit Traktor, Mähdrescher und Melkmaschine zu bewältigen. Zuvor bereits war es üblich gewesen, dem Nachbarn beizuspringen, wenn eine Kuh kalbte, wenn Mist gefahren oder die Ernte eingebracht wurde. Die Solidarität wurde nun monetarisiert. Hermann erinnert sich an die erste Sämaschine, die hinter einen Traktor gespannt werden konnte. Wir schafften sie gemeinsam mit dem Nachbarn Wedding an. Später gingen wir dazu über, eher die Bank als den Nachbarn bei Investitionen zu fragen. Länger als auf dem Hof hielten sich nachbarschaftliche oder auch genossenschaftliche Lösungen im Haushalt. Wir beteiligten uns an einer Gefriergenossenschaft in der Nachbarbauerschaft Hövel. In einem kleinen Haus wurden zahlreiche Gefriertruhen zusammengeschaltet, eine sehr praktische neue Methode des Haltbarmachens von Fleisch, vor allem nach dem Schlachten von Schweinen. Wir waren außerdem Teil einer Wäschereigenossenschaft. Vor allem Tisch- und Bettwäsche wurde dort in großen Maschinen gereinigt und gemangelt. Das anschließende Auffalten der Wäsche gehört zu meinen meistgehassten Kinderarbeiten. Die Wäsche kam sehr heiß aus der Mangel. Ich fürchtete, mir die Finger zu verbrennen, und wurde ausgelacht. Den ältesten Kindern sind diese Genossenschaften sehr modern vorgekommen. Das Landwirtschaftliche Wochenblatt feierte Gefriertechnik und Gefriergenossenschaften Mitte der 1960er-Jahre als revolutionär und zukunftsweisend.[43] Meine jüngste Schwester Martina empfand sie als vorgestrig: «Das sind auch so Sachen, wo ich denke, mein Gott, das hab ich noch erlebt, das kommt mir vor wie aus einem anderen Jahrhundert.»

Was war wirklich gute Arbeit? Hermann schwärmt vom Rübenziehen. Runkelrüben, heute auf den Äckern kaum noch zu sehen, waren in der ersten Hälfte des 20. Jahrhunderts eine Boom-Pflanze gewesen. Runkelrüben sind größer als Zuckerrüben und enthalten viele Proteine und Mineralstoffe. Sie können ohne Qualitätseinbußen gelagert werden und eignen sich daher gut als Winterfutter für die Rinder. Rüben machten Arbeit, im Wesentlichen allerdings Hackarbeit für Frauen. Männer kamen zur Ernte hinzu. In gebückter Haltung liefen sie durch die Reihen, griffen mit der rechten und der linken Hand je eine Rübe am Blattansatz, rissen sie aus dem Boden und legten sie mit den Blättern nach außen akkurat hin, so dass in einem nächsten Arbeitsgang Frauen mit dem Spaten das Blattwerk von der Rübe trennen konnten. Das war wenig rückenfreundlich. Aber Hermann mochte den Wettbewerbscharakter: Wie viele Meter, ohne sich aufzurichten? Wie viel Zeit bis zum Ende der Reihe? Dort angekommen, konnte er zurückblicken und sehen, dass etwas geschafft war. «Das war eine Arbeit, die ich gerne gemacht habe, und Arbeit, die du gerne machst, ist nicht hart. Aber Arbeit, die du nicht gerne machst, die kann auch hart werden.»

Kaspar mochte die Arbeit mit den Pferden und empfand das unendliche Kreisen auf dem Acker beim Eggen oder Walzen als meditativ. Wilhelm konnte die Marken und PS-Zahlen der ersten Traktoren auf dem Hof auswendig hersagen. Seine besten Arbeitserfahrungen hat er eigenen Angaben zufolge jenseits unseres Hofes gemacht, wenn er in Lehrbetrieben mit den stärksten und schnellsten Traktoren und den größten Maschinen arbeiten konnte. Gregor und Paul, deutlich jünger als die drei Großen, haben wahrscheinlich um 1970 den Schweinestall übernommen. Da waren sie 14 und 12 Jahre alt. Beide sind und waren auch wohl damals schon stolz auf das, was sie konnten: «Man wusste jedes Schwein, in welchen Stall das wieder musste. Jeder andere würde ja denken: ‹Schweine sehen wie Schweine aus›, aber nein, man kann zwanzig Schweine voneinander unterscheiden und weiß auch abends noch, in welchen Stall die müssen. Also das funktioniert, aber nur, wenn man sich damit auch beschäftigt.» So Gregor. Auch sein Arbeitsgefährte im Schweinestall wusste zwar, dass er nie Bauer werden würde. Aber «ich fand die Tätigkeit ganz interessant. Ich hab den Beruf nie als negativ angesehen», sagt Paul.

Mechthild hingegen reagierte verdutzt, als ich ihr die Frage nach guter Arbeit stellte: «Was hab ich gerne gemacht? Ich hab mich gefreut wenn alles sauber war.» Kein Wunder, dass sie wie ihre beiden nächstjüngeren Schwestern vehement zurückweist, jemals den Wunsch gehegt zu haben, Bäuerin zu werden. «Weil es mir viel zu anstrengend sein würde. Auf das Wetter angewiesen zu sein, samstags und sonntags immer zu arbeiten, und ich wusste, dass es viele andere Arbeiten gibt, wo man das nicht muss.» Sicher, es gab nun eine Heizung und mehr Haushaltsgeräte. Was aber war die Perspektive? 1955 wie 1968 lehnte die Hälfte der weiblichen Landjugendlichen in Deutschland die Heirat eines Bauern rundheraus ab. Meine Schwestern hätten genauso geantwortet. Die Zahl der Mädchen, die unbedingt einen Bauern heiraten wollten, sank deutschlandweit zwischen 1955 und 1968 von über 25 auf unter 10 Prozent.[44] Die zeitgenössische Agrarsoziologie sprach von der «‹Flucht› der Bauerntöchter aus den Familienbetrieben».[45] Meine Schwestern betonen, dass sie nicht desertiert seien. Schließlich seien sie nie verpflichtet worden, auf dem Land oder gar auf dem Hof zu bleiben. Es sei ihr gutes Recht gewesen zu gehen. Sie hätten ihre Entscheidung vor dem Hintergrund ihrer Kindheitserfahrungen getroffen und seien dabei insbesondere von meiner Mutter unterstützt worden.

Das moralisierende Reden über die «Flucht» der Töchter, das sich im Landwirtschaftlichen Wochenblatt und bei Agrarwissenschaftlern findet, mag darin begründet sein, dass die bäuerliche Familie als eigene Welt in den 1960er-Jahren zu verschwinden drohte. Geradezu rührend versuchte der Agrarsoziologe Ulrich Planck jahrzehntelang, die These von einem ganz eigenen bäuerlichen Familientyp aufrechtzuerhalten, auch wenn die empirischen Belege dafür schlechter und schlechter wurden. Nirgendwo war bis in die 1950er-Jahre die Selbstrekrutierungsquote höher gewesen als bei den Bauern. Bauernsöhne übernahmen Bauernhöfe und heirateten Bauerntöchter.[46] Nun aber begannen die Bauerntöchter, sich anders zu orientieren. Sie verließen häufiger und früher den elterlichen Hof als Bauernsöhne. Kaum ein Mädchen beschränkte sich noch darauf, bis zur Verheiratung im elterlichen Betrieb mitzuarbeiten.[47] Im hauswirtschaftlichen Teil des Landwirtschaftlichen Wochenblatts gab es nachdenkliche Stimmen aus der Perspektive der Mütter: «Wir können die jungen Töchter nicht hindern. Aber hin und wieder kämpfen wir mit heimlichen Vorwürfen gegen sie. Vergessen sie nicht, daß die Arbeit im Haus Aufgabe der Frau ist? Laufen sie nicht fort vor ihrer Bestimmung als Frauen und Mütter, die sie einmal sein werden? Und wenn sie dann eines Tages in die Ehe gehen und gar nichts können von dem, was sie eigentlich können sollten, sollen wir dann auch noch Mitleid mit ihnen haben?»[48] Im Ganzen aber befürwortete das Blatt die Ausbildung der Töchter, selbst wenn sie am Ende aus der Landwirtschaft hinaus führen sollte. Umgekehrt hörten Bauernsöhne auf, wählerisch zu sein. Mehr und mehr Hoferben konnten sich vorstellen, eine Frau zu heiraten, die keine Erfahrung mit Landwirtschaft hatte.[49] Die Heiratskreise weiteten sich.

Es ist erstaunlich, wie unterschiedlich die Bewertungen der Landarbeit unter meinen Geschwistern ausfallen, und es ist das Geschlecht, das den Unterschied macht. Zwei meiner drei ältesten Brüder wollten sehr gern Bauern werden, und aus ihrer Erfahrung heraus war das Anfang der 1960er-Jahre auch sinnvoll. Hautnah hatten sie den Aufschwung der Viehwirtschaft mit dem Zuchtviehmarkt als Höhepunkt miterlebt. Sie hatten die Traktoren und Ackergeräte gerochen und gesehen und das damit verbundene Ende der Maloche am eigenen Körper gespürt. Unser Vater hatte an diesem Wandel teilgenommen. Seine ältesten Söhne wollten ihn möglichst bald aktiv gestalten, wenn sie nur an die Reihe kämen. Für sie war die Zukunft auf dem Land positiv. Für meine Schwestern nicht.

## Glauben

Als kleiner Junge habe ich auf der Suche nach Lesestoff unsere heimische Buchsammlung durchstöbert. Groß war sie nicht. Es handelte sich um zwei Regale im gläsernen Mittelteil eines Vitrinenschranks im Wohnzimmer. Dort standen illustrierte Nacherzählungen von biblischen Geschichten, gedruckt in den 1950er-Jahren. Daneben gab es *Helden und Heilige*, leinengebunden und zwanzig Jahre älter, ein Buch mit Heiligengeschichten für jeden Tag des Jahres. Ich war sehr erstaunt, dass die Leichname der beiden heiligen Ewalde sich stromaufwärts bewegt hatten, um von treuen Christen gefunden werden zu können. Und dann gab es *Susi und Christian*, Kommuniongeschichten des Pfarrers Friedrich Pitsch, 1959 erstmals erschienen. Verglichen mit den anderen Texten empfand ich das Buch als geradezu aufreizend kindgerecht: keine Frakturschrift, Einblicke in Welten, die ich nicht kannte.

Das Buch hat eine Rahmenhandlung: Susis Kommunionvorbereitung. Susi war von ihrer späteren Pflegemutter aus den Armen der sterbenden Oma in einem Münchener Elendsviertel der direkten Nachkriegszeit gerettet worden. Ihre Mutter war mit einem US-Soldaten in die Staaten gegangen. Susi setzt gegen Ende der Geschichte durch, dass das zwei Jahre jüngere leibliche Kind ihrer Pflegemutter, Christian, mit ihr zusammen die Erstkommunion empfangen kann, im Rahmen der in den 1950er-Jahren propagierten Frühkommunion. Dann stirbt die Pflegemutter, der Pflegevater heiratet wieder. «Die Frau hat selbst zwei Kinder. Also soll Susi fort.» Das Aufbrechen der Familienkonstellation wird als Beispiel für die gütige Macht der Kirche genutzt. Durch Vermittlung des Bischofs bekommt Susi neue Adoptiveltern – ein Professorenhaushalt. Die Trennung vom Bruder schmerzt, «aber, wenn er kommuniziert und Susi den Heiland empfängt, dann werden ihre Herzen beisammen sein in der Liebe Gottes».

Im Zentrum des Buches stehen Geschichten, die der Pfarrer seinen Kommunionkindern erzählt und die Susi wiederum Christian berichtet, um ihn zunächst heimlich auf die Erstkommunion vorzubereiten. Die Geschichten sind erstaunlich. Abgesehen von wenigen biblischen Erzählungen enden sie fast alle mit dem Tod der Protagonisten. Fünfundzwanzig Todesfälle werden geschildert, die meisten betreffen Kinder. Zwei sterben am Fieber, eine Blinddarmentzündung, eine Knochentuberkulose, eine Lungenentzündung und ein Herzleiden führen zum Tod. Ein junger Soldat übersteht seine Kriegsverletzung nicht. Drei Krankheiten werden nicht genauer spezifiziert. Ein Verkehrstoter ist zu beklagen. Ein Junge wird von einer schweren Flasche am Kopf getroffen, die aus dem Gepäcknetz fällt. Sechs Jungen werden im subsaharischen Afrika von einem Leoparden totgebissen. Ein Heiliger wird an den Füßen aufgehängt, ihm werden später noch die Pulsadern aufgeschnitten. Ein anderer wird gelyncht, einer während der Französischen Revolution zur Guillotine geführt. Drei Kinder holt der Heiland selbst. Sie sterben froh, weil sie sich für Jesus verzehrt haben. Und dann sind da noch die Toten der Rahmengeschichte. Die Oma und die Pflegemutter wurden schon erwähnt. Susi wird darüber hinaus Zeugin eines detailliert geschilderten Autounfalls mit sechs Schwerverletzten, von denen einer, ein junger Priester, an der Unfallstelle stirbt, seine blutenden Arme zum Himmel erhebend.

Das Buch zeigt, dass in den 1950er-Jahren der Tod allgegenwärtig war: Der Krieg war kaum ein Jahrzehnt, das Ende des Hungers für die meisten noch weniger lange her. Elend war sichtbar im eigenen Land. Infektionskrankheiten töteten vor der Einführung des Penicillins in relativer Unabhängigkeit von Alter und sozialer Stellung. Unfälle führten häufiger zum Tod. Kinder waren und wurden vor dieser Erfahrung nicht geschützt. Aber darum geht es dem Autor nicht. Ihm geht es um die Art und Weise des Sterbens. Seine Helden sterben bewusst, und sie sterben gern, im Vertrauen auf Gott, den sie lieben und der sie zu sich holen wird. «Nach einer letzten, glückseligen Kommunion nimmt Jesus sie mit in den schönen Himmel.» Viele nehmen die Vermittlerdienste der Gottesmutter in Anspruch: «Gib mir Deinen lieben Jesus! O Maria, zögere nicht.» Wenn sie leiden müssen, opfern sie ihr Leid dem Herrn. Der sterbende Priester betet: «O Gott, ich opfere Dir mein Leben für die Sünder, damit sie vor der Hölle bewahrt werden!» Vertrauen, Liebe und das Opfer sind Schlüsselbegriffe des Buches, beglaubigt durch den glücklichen Tod.

Eine Umfrage unter meinen Geschwistern hat ergeben, dass niemand von ihnen das Buch gelesen hat. Ich habe mich offenbar als Einziger durch den Vitrinenschrank gearbeitet. Buchbesitz heißt nicht Buchlektüre, das hat auch die geschichtswissenschaftliche Forschung herausgefunden. Mich erreichten die Geschichten und die mit ihnen verbundenen Ideen von Vertrauen, Liebe und Opfer als Teil eines eigentümlichen Gesamtpakets. Wie meine Geschwister war ich nicht in der Lage, es aufzuschnüren und seine Bestandteile unterschiedlichen Entstehungszeiten und Traditionslinien zuzuordnen.

Es gab den traditionsverbundenen Milieukatholizismus, an den *Helden und Heilige* appellierte. Zu ihm passte, dass wir bis in die 1970er-Jahre den Namenstag und nicht den Geburtstag feierten. Im Zentrum der Feier stand nicht der eigene Start ins Leben, sondern der von den Eltern verliehene Name, der uns in eine Familie und in eine Glaubenstradition stellte. Allzu viel Aufhebens wurde darum allerdings nicht gemacht. Er habe selbst herausfinden müssen, wer eigentlich «sein» Heiliger gewesen sei, sagt Gregor. «Ich hab ja nicht viel gelesen, aber da hab ich nachgeguckt.» Bei *Helden und Heilige* – immerhin. Trotz Frakturschrift. Ausschlaggebend für die Namenswahl seien aber wohl nicht große Taten eines Papstes gewesen, sondern «irgendwie ein Onkel oder sowas von Mutter».

Es gab den Bezug auf die Bibel, der aber über die sonntägliche Schriftlesung in der Kirche nicht hinausging und eine Ansammlung von Kurzgeschichten blieb, wie sie auch der Vitrinenschrank im Wohnzimmer bot. Es gab die familiären Rituale des Gebets und der Andacht, die in allen Interviews vorkommen und nie als sinnlos erinnert werden. Es gab den Kirchgang überhaupt mit seinem eindrucksvollen Gemeindegesang, mit Prozessionen und sakramentalem Segen, die in der Zeit vor Farbfernsehern und Rockkonzerten überwältigende Shows waren. Paul stellt diesen Zusammenhang rückblickend her: Wenn er als Messdiener am Ende einer Prozession wieder in die Kirche einzog, die Fahnen rund um den Altar sah, die Orgel spielen hörte und eine bis auf den letzten Platz besetzte Kirche «Ein Haus voll Glorie schauet» sang – das sei schon beeindruckend gewesen. «Da können die Toten Hosen oder auch sonst einer heute nicht mithalten.»

Es gab auch den Appell an die Opferbereitschaft des Individuums, nie allerdings so todesverachtend brachial vorgetragen wie in den Geschichten von Friedrich Pitsch, die ja auch nur mich erreicht haben. In den Erinnerungen meiner ältesten Geschwister finden sich immerhin Spuren der Opfertheologie von Susi und Christian. Mechthild erinnert sich mit einiger Emotion an Mutters Rat, wie mit ungeliebter Arbeit umzugehen sei. Immer noch geht es um das Klo und die Windeln: «Dann sagt man bei sich: ‹Das mache ich jetzt. Ich tu das nicht gerne, aber ich mache es zur größeren Ehre Gottes.› Das war nicht immer nur toll. Aber alles zur größten Ehre Gottes. Es muss ja getan werden. Dafür hat man das dann getan, zur größeren Ehre Gottes hat man darüber weggeguckt. Augen zu und durch.» Mechthild schwankt im Umfeld dieses Zitats ein wenig, ob Mutter mit dem Ratschlag

Erziehungsprobleme lösen oder eine tiefe religiöse Überzeugung zum Ausdruck bringen wollte. Wahrscheinlich war es eine Mischung aus beidem. Mechthild erinnert sich auch, mit Mutter die Schweine gefüttert zu haben, dabei singend «Segne Du Maria, segne mich, Dein Kind, dass ich hier den Frieden, dort den Himmel find. Segne all mein Denken, segne all mein Tun. Lass in Deinem Segen Tag und Nacht mich ruhn.» Welch ein Unterschied zu ihrer vier Jahre jüngeren Schwester Katharina. Die wollte bei unangenehmen Arbeiten ein Radio dabeihaben.

Unter meinen ältesten Brüdern ist es Kaspar, der religiöse Gefühle lebhaft beschreibt. Angsterfüllt habe er am Vorabend der Erstkommunion Mutter gefragt: «Was passiert, wenn ich jetzt vorher sterbe? Stell dir mal vor, du bist zwar getauft, aber bist noch nicht zur Kommunion gegangen, und jetzt stirbst du. Was wird mit dir sein? Also ich glaub, ich hab dann auch mal nicht geschlafen.» Kaspar nahm die individuelle Glaubensverantwortung ernst. Vielleicht auch deswegen wurde er nach den ersten vier Schuljahren auf die Loburg geschickt. Das war ein 1953 eingerichtetes bischöfliches Internat, knapp 50 Kilometer entfernt. Der Münsteraner Bischof Keller hatte den Priesternachwuchs vermehren wollen, indem er religiös sensiblen Jungen «aus tadelloser Familie», aus der «Schicht kinderreicher, arbeitsamer, aber mit Glücksgütern nicht gesegneter Familien», Zugang zu gymnasialer Bildung ermöglichte. «Selbstverständlich werden wir uns hüten, zu irgendeinem Zeitpunkt der Entwicklung des so gewonnenen Jungen einen Druck auszuüben; vielmehr werden wir selbst den größten Wert darauf legen, daß sie sich wirklich ganz frei entscheiden können, auch auf die Gefahr hin, ja sogar in der sicheren Erwartung, daß eine Reihe von ihnen das von uns gewünschte Ziel nicht erreicht.»[50] Kaspar gehörte zur Zielgruppe und zu den ersten Jahrgängen, die das neue Konzept erleben durften. Er erreichte Kellers Ziel nicht, und vielen seiner Klassenkameraden erging es ähnlich.[51] Kaspar lernte auf der Loburg den strafenden, rächenden Gott kennen, vor dem er sich klein machen sollte. Täglicher Kirchgang, wöchentliche Beichte und Buße und ein sündenarmes Leben konnten den Herrn gnädig stimmen. Doch wer konnte bei ehrlicher Selbstprüfung den Geboten und Idealen entsprechen? Der Druck, den Bischof Keller nicht hatte ausüben wollen, für Kaspar gab es ihn doch. Er hielt sieben Jahre durch. Dann streikte er. Er werde nicht mehr auf die Loburg zurückkehren, verkündete er in den Ferien. Mutter tolerierte das unter der Bedingung, dass er das Gymnasium zu Ende brachte, nun in der nächstgelegenen Kleinstadt Coesfeld. Stillschweigend nahmen meine Eltern sogar hin, dass Kaspar am Sonntagsgottesdienst nicht mehr teilnahm. Später brachte er eine evangelische Freundin mit nach Hause und sorgte damit für weitere Diskussionen.

Kaspar hatte eine Überdosis Katholizismus erhalten. «Sieben Jahre lang, wenn Schule war im Internat, war ich bei der Messe anwesend. Und ich habe dann wahrscheinlich wenigstens jede Woche einmal gebeichtet. Wir haben Rosenkranz gebetet im Oktober, jeden Tag. Wir haben mittags ‹Engel des Herrn› gebetet. Wir haben alle Maiandachten gehabt. Ich hab' so viel mehr gehabt, also so viel könntest du in deinem Leben gar nicht mehr erreichen. Und dann ist natürlich irgendwo der Punkt, wo du sagst, jetzt reicht es aber wirklich.» Die religiöse Biografie seiner nächsten Brüder war ganz anders als seine und anders auch als die der ältesten Tochter Mechthild. Wenn Hermann und Wilhelm von Religion erzählen, geht es um Rituale, die vom Arbeitsalltag getrennt waren: Gottesdienste, Andachten, Katechismus. In Vaters Arbeitsbereich wurde weder gesungen noch diskutiert. Vater war gewiss davon überzeugt, dass vieles von Gottes Segen abhing. Aber er setzte auf Pflichterfüllung bei der Arbeit und auf das Gebet, um den Segen zu erwirken oder zumindest nicht zu verspielen. Gemeinsam mit Mutter, so erinnert sich Mechthild, übernahm Vater die Aufgabe des Vorbeters bei den Maiandachten, die bis in die 1960er-Jahre zur Ehre der Muttergottes in unserem Wohnzimmer abgehalten wurden. «Die Muttergottes von Altötting, die hing da als Ikone. Und rechts und links wurden dann zur Maienzeit Blumen aufgestellt, die konnten wir auch pflücken in der Wiese, Wiesenschaumkraut zum Beispiel. Jeder konnte losgehen und etwas für die Muttergottes pflücken. Und dann wurden die Stühle in Richtung Muttergottes umgestellt, die Lehne zur Muttergottes, die Sitzfläche zu uns hingerichtet, und dann knieten wir vor diesem Stuhl, und wir hatten auch Gebetbücher, weil wir zur Kommunion gekommen waren, und dann wurde Maiandacht gebetet und Rosenkranz. Und dann haben wir gesagt, jetzt ist es genug, ich kann nicht mehr knien, und dann wurde auch mal aufgehört.»

Am Heiligen Abend wurde das Haus eingesegnet. Dieses Ritual muss meinen Eltern sehr wichtig gewesen sein, denn sie behielten es, anders als die Maiandacht, bis zu ihrem Tod bei. Während die Familie am Herdfeuer versammelt war und Litaneien betete, ging Vater mit zwei Söhnen durch das Haus. Er trug die Kerze, ein Sohn ein dampfendes Weihrauchfass, der andere einen Buchsbaumzweig, in eine mit Weihwasser gefüllte Schale getunkt. An jeder Tür des Wohnhauses und Wirtschaftsgebäudes machte die Gruppe Halt. Vater zeichnete ein Kreuz auf die Tür. Weihrauch wurde verströmt, Weihwasser verspritzt. Diese Segnung muss es in vielen Haushalten gegeben haben. Als meine Mutter 1941 auf dem Hof Schulze Eistrup ein Lehrjahr absolvierte (und dabei meinen Vater kennenlernte), notierte sie in ihrem Merkbuch unter der Rubrik «Volkstümliche Feste, Sitten und Gebräuche des Dorfes»: «Am hl. Abend ist es hier Sitte, daß das Haus eingesegnet wird.»[52] Für den Nachbarort Darup ist die Haussegnung am Heiligen Abend in den 1920er-Jahren belegt.[53] Der Volkskundler Dietmar Sauermann deutet an,[54] dass es sich ursprünglich um eine Dienstleistung des Küsters oder sogar des Pfarrers gehandelt habe, die nach dessen Weigerung, diese Aufgabe fortzuführen, von den Bauern selbst übernommen worden sei. Das würde die Nutzung des Weihrauchfasses erklären, das sonst nur in liturgischen Zusammenhängen verwendet wurde und auch bei uns nur am Heiligen Abend zum Einsatz kam.

Sauermanns These zeigt auch, dass die religiösen Rituale sich ständig wandelten und nicht einfach Tradition waren. Paul erinnert sich, dass der Weihnachtsbaum über die Jahre immer größer wurde. «Aus heutiger Sicht erbärmlich» seien die ersten Exemplare gewesen, an die er sich erinnern könne. Der Baum sei dann Jahr für Jahr mehr von einem Tischchen in der Ecke in die Mitte des Raumes gerückt. Das war typisch für Katholiken, die den im protestantischen Bürgertum populären Baum lange abgelehnt hatten. Das Schmücken des Christbaums und das Aufstellen der Krippe wurde in den 1960er-Jahren zur Aufgabe meiner älteren Geschwister, während die Muttergottes von Altötting nun ohne Schmuck auskommen musste. Wir sangen gelegentlich um

Weihnachten ein Lied, in dem der heilige Nikolaus die Geschenke für brave Kinder bringt: «Wir haben gut gelernet ja und beten alle Tag. Das sagen wir Dir wohl fürwahr, stell uns nur eine Frag'. Nun breite Deine Gaben aus Du guter alter Mann. Wir warten ja schon lange drauf, kein Kind mehr warten kann.» Doch der Nikolaus ist nur in der Erinnerung meiner ältesten Geschwister eine real auftretende Person mit erzieherischer Aufgabe. Er brachte auch in den 1950er-Jahren nur noch Süßigkeiten, während das eigentliche Geschenkfest auf den Heiligen Abend verschoben worden war. Im Lied wurden Verfahren bewahrt, die im Alltag nicht mehr vorkamen. Nicht nur der Bücherschrank war ein Sammelsurium unterschiedlicher Theologien und Frömmigkeiten. Unser Alltagsgesang war es auch.

Aus Lektüre, Alltagserleben, häuslichen Ritualen und Kirchgang setzten meine ältesten Geschwister ihre Gottes- und Weltbilder zusammen. Natürlich waren sie katholisch. Seit der Ankunft von Flüchtlingen nach dem Zweiten Weltkrieg gab es zwar auch eine größere Zahl Protestanten am Ort, sichtbar seit 1967 an ihrem eigenen Kirchbau. Was aber genau das Katholische war, wie der liebe, der rächende und der ritualisiert verlässliche Gott zusammenhingen und wie gefährlich es war, nicht nach seinen kryptischen Anweisungen zu leben – auf solche Fragen fanden unterschiedliche Kinder unterschiedliche Antworten. Alter, Geschlecht, persönliche Vorlieben und Erfahrungen spielten eine Rolle. Mit Ausnahme des durch die Loburger Überdosis geschädigten Kaspar werden sie aber alle in den 1960er-Jahren geglaubt haben, gute Katholiken zu sein.

## Feiern

Der Sonntag war in den 1950er-Jahren ein heiliger und ebenso sehr ein Gemeinschaftstag. Zwar mussten auch an diesem Tag die Tiere versorgt werden, aber ansonsten ruhte die Arbeit. In der Erntezeit musste der Pfarrer von der Kanzel die Sonntagsarbeit ausdrücklich erlauben, damit der Tag zur Einbringung des Getreides genutzt werden konnte. Meine ältesten Geschwister erinnern sich an gemeinsame Sonntagsrituale. Nach dem Kirchgang begab Vater sich zum Frühschoppen. Er traf dort die Rindviehzüchter aus der Nachbarbauerschaft Buxtrup. Mutter ging in ein Café. Die Teilnehmerinnen ihres Stammtisches scheinen weniger genau umschrieben gewesen zu sein als die ihres Mannes. Zuhause bereitete eine der weiblichen Arbeitskräfte das Mittagessen vor. Nach deren Abgang Mitte der 1960er-Jahre übernahmen meine älteren Schwestern abwechselnd mit meiner Mutter diese Aufgabe – Mutter konnte dann noch jeden zweiten Sonntag im Café sein.

Als Jugendliche und junge Erwachsene hatten meine ältesten Brüder seit Anfang der 1960er-Jahre ihr eigenes Treffen: zunächst Jungen und Mädchen gemeinsam in einem Café, dann nur die Jungen in einer Kneipe. Der Teilnehmerkreis war weniger exklusiv als bei meinem Vater. Nicht die Rinderzüchter trafen sich, sondern die Bauernjungs im Allgemeinen. Im Zentrum standen die Hoferben mit mittlerem Besitz. Die Kinder der Schulzen und der Kötter zeigten sich kaum. Nachgeborene Söhne suchten sich andere Treffpunkte als diejenigen, deren Zukunft in der Landwirtschaft bereits vorgezeichnet war. Darum sind es Hermann und Wilhelm, die sich detaillierter an diese Zusammenkünfte erinnern: «Ich ging sonntags morgens zur Kirche und nachher zu Pennekamp oben Stück Kuchen essen, Tasse Kaffee trinken oder Kakao. Dann zu Böcker-Menke, zwei oder drei Bier, und dann fuhr ich wieder nach Hause. Das war Sonntag.» So Wilhelm. Kaspar wusste, dass es diese Treffen gab, hatte aber kein Interesse.

Die Abende der Woche verbrachte die Familie, bis Anfang der 1960er-Jahre erweitert um Eleven und Stützen, im Wohnzimmer. Nur im Winter, wenn das Herdfeuer brannte, verlagerte sich das Geschehen in die Diele. Vater schälte Äpfel, Mutter flickte Wäsche oder war mit anderweitigen Näharbeiten beschäftigt. Die Mädchen lasen. Es gab auch Kinder- und Gesellschaftsspiele. Das eigene Zimmer war keine gute Alternative, weil es klein war und von mehreren Kindern bewohnt wurde. Jenseits von Betten und Schrank gab es dort kaum Platz. Radiosendungen wurden gezielt ausgewählt und dann gemeinsam gehört. Irgendwann in den 1960er-Jahren kam der Fernseher, ein abschließbares Schrankungetüm zunächst, das nur für Nachrichtensendungen und die «Kinderstunde» geöffnet wurde. Gregor (geb. 1956) und Paul (geb. 1958) erinnern sich, dass der Fernseher aufgestellt wurde, aber nicht, dass er einen wirklichen Unterschied machte. «Fernsehen wurde in homöopathischen Mengen verabreicht», sagt Paul. Der längste Einsatz in den ersten Jahren dürfte die Übertragung der Beerdigung Konrad Adenauers gewesen sein. Unterwegs war nach Einbruch der Dunkelheit niemand mehr. Es war stockfinster draußen. Straßenbeleuchtung gab es erst ab Nottuln-Süd, und unsere Fahrräder hatten in der Regel keine funktionierende Beleuchtung. Es gab auch keinen guten Grund, im Dorf zu sein.

Kontakte zu Jugendlichen aus dem Dorf wurden nämlich weder sonntags noch wochentags gesucht und fanden wohl auch nicht statt. «Hattest Du Freunde aus dem Dorf?», habe ich Wilhelm gefragt. «Ne, was sollte ich damit machen?», war seine Antwort. Kaspar reagiert ähnlich. «Die richtigen Menschen waren ja wir, und da vor allen Dingen wir, die Bauernsöhne, das war Nummer eins. Wir waren ja die tragende Kraft im Ort überhaupt. Und dann kamen die guten Handwerker, die Schmiede und Tischler, und dann gab es ja noch zwei, drei Geschäfte, wo man hingehen konnte.» Das Dorf wurde benötigt, es hingen aber keine Sozialbeziehungen zwischen Gleichen daran. Bis zur Durchsetzung des Autos gab es allerdings einen vertrauten Ort, wo Kutsche und Pferde während des Kirchgangs und des anschließenden Frühschoppens untergestellt waren. In unserem Fall war das die Kohlenhandlung Frye. Hermann erlernte dort fast nebenbei das Fahrradfahren, während er nach der Kirche auf Vater und Mutter wartete. Ein eigenes Fahrrad hatte er zu diesem Zeitpunkt noch nicht. Die Älteren ritten oder fuhren mit der Kutsche. Die Jüngeren gingen zu Fuß. Das änderte sich allerdings bald. Schon Kaspar fuhr mit dem Fahrrad zur Schule: «Diese weite Strecke, und dann warst du durchgefroren, und dann konnten wir vorher, bevor es in die Schule ging, erst zu Frye gehen. Manchmal hast du geweint, weil du ganz kalt warst, und dann konntest du bei Frye da am Herd dich aufwärmen, und insofern waren die Kohlen-Frye ganz bedeutende Leute.»

Jenseits lebenspraktischer Kontakte lebten Bauern und Dörfler auch der jüngeren Generation Anfang der 1960er-

Jahre in unterschiedlichen Welten. Dörfler verbrachten ihre Freizeit im Sportverein, Bauernsöhne im Reiterverein. Viele agrarhistorische Untersuchungen zeigen, dass die Sportvereine nach dem Zweiten Weltkrieg im Gegensatz zu Schützen- oder Reitervereinen vor allem die dörflichen Unterschichten erfassten. Von dort aus wirkten sie allmählich integrativ. Auch die Kinder der Flüchtlinge, die am Ort blieben, fanden hier ihren Platz. Im Sportverein trat die Frage, ob Eltern viel oder wenig Land hatten, ein Handwerk ausübten oder in die Strumpffabrik gingen, gegenüber der alles entscheidenden Frage zurück: Triffst Du das Tor? Kein Wunder, dass mein Vater zunächst nichts vom Sportverein hielt. Als Wilhelm Fußball spielen wollte, verbot mein Vater das rundheraus. Fußballschuhe kosteten Geld, das er nicht habe. Training und Spiele fänden tagsüber statt, wo auf dem Hof jede Hand gebraucht werde. Wilhelm werde merkwürdige Leute kennenlernen, die ihn nur auf dumme Gedanken brächten. Außerdem könne er sich verletzen und sei dann zu gar nichts mehr zu gebrauchen.

Hermann und Kaspar waren im Reiterverein. Das wurde akzeptiert und gefördert, selbst als der Trecker das Pferd als Arbeitskraft abgelöst hatte und die Haltung eines Pferdes keinen wirtschaftlichen Nutzen mehr brachte. Unter den Zeitungsausschnitten, die meine Mutter gesammelt hat, findet sich als eines der ältesten Stücke ein Bericht über die Reitervereinsjugend. 42 Teilnehmer versammelten sich morgens auf dem Schulhof. Sie ritten durch vier Bauerschaften und kehrten in vier Kneipen ein. Anschließend jagten sie auf der Wiese des Bauern Leo Allendorf einen Fuchsschwanz, der am Jackett eines vorausflüchtenden Reiters befestigt war. Mein ältester Bruder gewann. Anschließend klang der Tag der Fuchsjagd in einer fünften Kneipe im Ortskern aus.[55] Hermann war auch Mitglied in der St. Antoni Schützenbruderschaft. Während die Dorfjugend zur St. Martini-Bruderschaft ging und erst in gesetzterem Alter zur ehrenvolleren Bruderschaft der Älteren Zugang fand, fühlten sich die jungen Bauern von Anfang an St. Antoni zugehörig. Hermann war als berittener Adjutant unter anderem dafür zuständig, vorm Schützenfest alle Kneipen des Ortes rituell über den baldigen Beginn des Festes zu informieren. An jeder Kneipe gab es Schnaps, Bier und Zigaretten. Das Pferd brachte ihn am Ende sicher nach Hause. Der viel jüngere Paul, der mit Hermann ein Zimmer teilte, erinnert sich beeindruckt an die vielen Zigaretten, die der große Bruder im extra aufgetrennten Innenfutter der Reitjacke untergebracht hatte. Und an eine gewisse Orientierungsschwäche.

Während Hermann über Ämter, Ehren und Rituale in die bäuerliche Welt hineinwuchs, konnte Kaspar solcher Bauernfolklore nichts abgewinnen. Durch den Besuch der Loburg und später des Gymnasiums in Coesfeld empfand er sich ohnehin als «Exot». Er betätigte sich als Springreiter und wurde am Wochenende mit seinem Pferd zu Turnieren gefahren. Noch am Anfang seines Studiums in Münster stellte ihm mein Vater ein Pferd in einem Reitstall zur Verfügung, damit er nicht aus der Übung kam. Wilhelm kann sich noch heute darüber aufregen, dass das Geld für ein Pferd reichte, für Fußballschuhe jedoch nicht. Aber Vater blieb davon überzeugt, dass Reiten zu einem Bauernsohn gehöre und auch irgendwie Arbeit sei, Fußball jedoch eindeutig nicht. Dahinter stand die Überzeugung, dass die bäuerliche Welt mit ihren Werten und Hierarchien zur dörflichen Welt nicht passte und daher am besten von ihr getrennt blieb.

Mechthild ist die Erste, die nach eigener Erinnerung Sozialkontakte mit Leuten aus dem Dorf interessant fand. Mit dreizehn oder vierzehn habe sie schon mal am Sonntagmittag «von der Kirche bis Nottuln Süd das Fahrrad schieben und den Weg [mit einem Jungen aus der Siedlung] machen wollen. Aber sagen sollte das ja auch keiner jemandem, das war schon immer ein bisschen heikel. Wenn es ganz gutes Wetter war, dann konnte es auch mal sein, dass man die Erlaubnis hatte, noch eine Stunde in die Badeanstalt zu gehen.» Mechthilds Erzählung erhält besondere Bedeutung dadurch, dass es ein Junge aus der Siedlung Nottuln-Süd war, mit dem sie Zeit verbrachte. Die jungen Leute dort waren in die überkommenen Hierarchien des Ortes nicht eingebunden. Viele von ihnen waren evangelisch. Viele zeigten nicht den Respekt vor den Bauern, auf den mein Vater ein Anrecht zu haben glaubte. Er meinte sogar beobachtet zu haben, dass Jugendliche mit Steinen auf seine Kühe geworfen hätten. Paul erinnert sich an Vaters Pauschalverdacht gegen die Siedlungskinder: «Die wurden halt alle in einen Topf geworfen, und die Siedlung war sehr negativ besetzt.»

Neben Schützen- und Reiterverein führte die Katholische Landjugendbewegung die bäuerliche Jugend Nottulns in den 1960er-Jahren zusammen. Das war für das katholische Münsterland nicht untypisch. Die Landjugend war in den 1950er-Jahren an die Seite der Pfarrjugend getreten, die sich auf die Dörfer konzentrierte.[56] Dahinter stand eine Strategie des Bistums Münster.[57] Die Bischöfe Keller und Tenhumberg setzten große Hoffnung auf eine Erneuerung des Katholizismus durch diejenigen, die von der Entkirchlichung bislang am wenigsten erfasst worden waren. Im Gegensatz zu süddeutschen Bistümern, die die Landjugend als die Jugend des Landes verstanden (was zu Regionen, in denen alle Bauern in Dörfern wohnten, gut passte), zielte die Landjugendkonzeption des Bistums Münster dezidiert auf Jugendliche aus bäuerlichen Familien. Sie sollten religiös gefestigt und zum Kern einer gesamtgesellschaftlichen religiösen Erneuerung werden. «Für uns kam einfach nur die Landjugend infrage, dann ging man schon früh in die Landjugend und fertig», sagt Mechthild. Es gab dort Schulungen und Seminare, politische und religiöse Veranstaltungen bis in abgelegene Orte hinein. Es gab natürlich auch Feste und Feiern, und darin lag sicher ein Teil der Attraktivität der Landjugend. Aber meine Geschwister nahmen auch den intellektuell-religiösen Teil ernst. Kaspar, Mechthild und Katharina gewannen um 1970 Preise auf Rednerwettbewerben der Landjugend, teils auf Orts-, teils auf Kreisebene. Sie verbanden eigene Erfahrung mit Neugier. «Der Einzelne in der Gemeinschaft», hieß ein erfolgreicher Vortrag von Mechthild.[58]

«Ich war richtig gierig danach, sowas zu machen», sagt sie im Rückblick. «In der Schule haben wir immer nur gehört und geschrieben, gehört und geschrieben. Und vorgezeigt, was wir gemacht haben, ich hab' überhaupt keine Gruppenarbeit erlebt. Aber jetzt sich selber eigene Arbeit zu machen, das fand ich ganz interessant und hab daran auch ganz gerne teilgenommen.» Auch zu Mechthilds Erfolgen hat Mutter Zeitungsausschnitte gesammelt. Der Vorsitzende der Landjugend im Kreis Münster wies bei einem ihrer Rednerwettbewerbe darauf hin, «daß der Landwirt heute einerseits auf Grund der zahlreichen wirtschaftlichen Verbindungen gezwungen ist, seine Gedanken klar auszudrücken, und daß er andererseits in der bäuerlichen Selbstverwaltung öfter in freier Rede seine Ansichten zu vertreten hat».[59] Da klingt die religiöse Motivation nicht mehr mit. Wilhelm Damberg hat in einer Untersuchung zur Landjugend im Bistum Münster darauf hingewiesen, dass die hohe religiöse Zielsetzung der Bischöfe Keller und Tenhumberg sich in den späten 1960er-Jahren ebenso wenig habe halten lassen wie die Konzentration allein auf die bäuerlichen Familien. Faktisch sei die Katholische Landjugendbewegung nun auch in Westfalen die Jugend des Landes geworden.[60] Der Gedanke einer kirchlichen Vorfeldorganisation habe schnell an Bedeutung verloren.

Meine drei ältesten Brüder lassen denn auch in ihren Interviews wenig Wissen über eine Landjugendprogrammatik jenseits geselligen Beisammenseins und der Aufführung plattdeutscher Theaterstücke erkennen. Wenn sie sich an die Rednerwettbewerbe erinnern, dann eher beiläufig und ohne dem Ereignis eine Bedeutung für ihre Lebenserzählung beizumessen. Anders Mechthild. Für sie öffnete die Landjugend ein Tor aus der Rolle der Hilfsmutter und Erzieherin, die Gefahr lief, einen Bauern aus der Umgebung heiraten zu müssen. Durch ihre Vorstandstätigkeit in Nottuln und die Rednerwettbewerbe wurde sie zunehmend bekannt und erhielt das Angebot, hauptamtlich die Landjugendarbeit im Offizialat Vechta zu organisieren, dem niedersächsischen Teil des Bistums Münster. Das Angebot nahm sie an.

Vechta lag fast zwei Autostunden von der Horst entfernt. Meine Eltern legten ihr keine Steine in den Weg. «An uns wird es nicht liegen, dass Du das nicht werden kannst, was Du möchtest», habe Mutter ihr gesagt. «Das hab ich ihr ganz hoch angerechnet, das weiß sie auch.» Mechthild war die Erste, die den Orbit des Hofes und der Familie verließ. Noch knapp fünfzig Jahre später spricht sie voller Emotionen über diesen Schritt: «Es gibt viel mehr als das, was ich in Nottuln erlebt habe. Ich mache das niemandem zum Vorwurf, das war so, ich habe da gelebt. Und das, was ich als Erfahrungshintergrund hatte, war eben der, den ich hatte.» Aber jetzt gab es die Chance, Neues zu sehen und zu lernen. Mit Feuereifer, so Mechthilds Selbstwahrnehmung, stürzte sie sich in die neue Aufgabe, für die ihr, abgesehen von ehrenamtlicher Tätigkeit, jede Vorbildung fehlte. Immerhin gab es zur Einstimmung einen dreimonatigen Lehrgang in der Akademie der Katholischen Landjugendbewegung. Jeder Tag im neuen Beruf erschien danach aufregend. Zwei Jahre später begann Mechthild in Vechta ein Studium der Sozialpädagogik. «Da hab ich im Studentenausschuss mitgearbeitet, wir haben die Prüfungsordnung erarbeitet, das hat mich alles richtig frei gemacht.» Die Jahre meines Vaters waren vorbei.

## 3 •
# Die Jahre meiner Mutter

Ende der 1960er-Jahre gaben meine etwas älteren Geschwister und dann auch ich bei Hochzeiten im Verwandtenkreis das folgende Gedicht zum Besten:

Dem lieben Brautpaar zum heutigen Tage
Ich auch ein kleines Sprüchlein sage,
Und hier in diesem Körbchen trage
Ich als Geschenk für Euch – Kartoffeln.

Kartoffeln? Kartoffeln? Kartoffeln – denkt Ihr all.
Wer so was schenkt ist ein Stoffel.
Und jedem steht's nun ins Gesicht:
Wir wollen Fleisch, Kartoffeln nicht.
Wir wollen Schinken, Wurst, zur Not auch Speck.
Aber Kartoffeln – das hat keinen Zweck.

Über Kartoffeln, alt' und junge
Ruhet geck die Lästerzunge,
Doch ich will's Euch offen sagen,
Wie schwer hing' bald Euer Magen,
Wenn mal bei einem Mittagessen
Die Frau Kartoffeln hätt vergessen.

Entbehrtet Ihr sie vierzehn Tage,
Das Essen würd' Euch bald zur Plage,
Das Essen würd' euch bald zu doll!
Ihr seufztet laut und sehnsuchtsvoll:
Kartoffeln her, Kartoffeln her,
Ohne Kartoffeln geht's nicht mehr.

So wie der Kartoffel, passt auf genau,
So geht es nicht selten auch der Frau.
Man nörgelt und schimpft mit keckem Mut.
Was Frauen tun, ist selten gut.
Doch wenn die Frau im Haus nicht wär,
Dann ging bald alles kreuz und quer.

Drum habe ich's mir ausgedacht,
Hab Euch Kartoffeln mitgebracht.
Sie sind, wenn ich mir's richtig denke,
Doch auch ein sinniges Geschenke.[1]

Gedichte und Gesänge gehörten zum Standardrepertoire bei Hochzeiten oder runden Geburtstagen in unserem Umfeld. Zum Teil wurden die Verse selbst verfasst. Dann waren sie konkret auf Leben und Streben des Hochzeitspaares oder des Geburtstagskindes bezogen. Weil das Reimen aber nicht jedem lag und schlechte Verse die Stimmung trüben konnten, wurden auch Auftragsarbeiten an Menschen vergeben, deren Begabungen im dichterischen Fach sich herumgesprochen hatten. Das Entgelt war variabel. Die Regel dürften Tauschgeschäfte gewesen sein. Bis in die 1960er-Jahre konnten Bauern innerhalb der ländlichen Gesellschaft noch attraktive Angebote machen.

Das vorstehende Gedicht ist das Produkt eines solchen Reimeschmieds oder einer -schmiedin. Die Autorenschaft ist unklar. Meine Geschwister erinnern sich lebhaft an das Gedicht, wissen aber nicht, woher es kommt. Ihre Erinnerung an den Text ist deswegen so gut, weil das Gedicht Ende der 1960er-Jahre ein zuverlässiger Erfolg war. Es bestärkte und ironisierte gleichzeitig den Konservativismus der Bauern, der auf dem Feld der Ernährung und auf anderen Gebieten herausgefordert, aber noch nicht besiegt war. Es gab schon Reis und Nudeln zu kaufen, aber sie hatten Kartoffeln als immerwährende Beilage noch nicht in Gefahr bringen können. Beim Fleisch als Hauptbestandteil des Essens wurden die Bauern wählerischer. Noch aber erwogen sie keine Alternativen.

Für uns Kinder lohnte es sich, mit diesem Text aufzutreten. Der Applaus war sicher. Das Hochzeitspaar spendierte Schokolade. Nach einigen Jahren aber schlug die Stimmung um. Meine älteste Schwester Mechthild erinnert sich lebhaft an ihren Ärger, als bei ihrer Hochzeit 1972 das Gedicht noch einmal aufgeführt wurde. Auf die Rolle der «Frau im Haus», ohne die alles «kreuz und quer» ginge, wollte sie nicht mehr festgelegt werden. Sie habe gute Miene zum bösen Spiel gemacht, um einen Eklat zu vermeiden, erinnert sie sich. Aber es sei ihr schwer gefallen. Und sie habe sich gefragt: Was um alles in der Welt hatte Mutter dazu veranlasst, meine Schwester Anna diesen Text präsentieren zu lassen?

Wahrscheinlich hat meine Mutter den Text als Emanzipationsgedicht verstanden, meine Schwester hingegen nicht. Beide hatten recht. «Die Frau im Haus» dürfte für meine Mutter eine Errungenschaft ihrer Ehe gewesen sein, abweichend von vielen krumm gearbeiteten Frauen der Bauerschaft und des Dorfes. «Bislang», schrieb die Diplomlandwirtin Friederike Habel im Landwirtschaftlichen Wochenblatt 1963 und verwies mit diesem Satzeinstieg auf den Abschluss einer Entwicklung, bislang «haben wir immer gefordert, die Frau soll nur noch im Haushalt arbeiten, soll Stall- und Feldarbeit, den ganzen Außenbetrieb, ihrem Mann überlassen. Die überlastete Bäuerin, deren Gesundheitszustand schlecht ist und immer wieder besorgniserregend heraufbeschworen wird, soll nun endlich entlastet werden.»[2] Ein Teil der Attraktivität des Arbeitsplatzes Haus war aber um 1970 verloren gegangen. Personalverantwortung für familienfremde Arbeitskräfte gab es nicht mehr. Die eigene Kasse, gespeist aus den Erlösen für Eier und Milchprodukte, war ausgetrocknet. Viele handwerkliche Fähigkeiten und Fertigkeiten hatten – durch elektrische Haushaltsgeräte einerseits, durch die allgemeine Verfügbarkeit von Lebensmitteln bei sinkenden Preisen andererseits – ihre Bedeutung verloren. Irgendwann hörten die Frauen aus der Verwandtschaft konsequenterweise auf, bei Visiten die Einmachgläser im Keller zu begutachten.

Meine älteste Schwester Mechthild war der für sie immer unattraktiveren bäuerlichen Welt entkommen. Zwar hatte sie einen Bauernsohn geheiratet, doch der war kein Hoferbe, sondern hatte in der Kommunalverwaltung seinen Platz gefunden. Frauen wie Mechthild wollten nicht mehr aufs Haus festgelegt sein. Sie wollten sich eine Arbeits- und Lebenswelt jenseits des Hauses erschließen, ohne Rücksicht auf das Urteil der Männer, das in dem Gedicht eine so zentrale Rolle spielt. Die Freiheitsgewinne durch Konzentration aufs Haus, die meiner Mutter wichtig gewesen sein müssen, waren für meine Schwester nicht mehr wahrnehmbar. Deswegen empfand sie das Gedicht als rückwärtsgewandt.

Meine Mutter wiederum hatte sich in den 1960er-Jahren durchaus einen Gestaltungsraum jenseits des Hauses erschlossen. Sie hatte auf ihre Weise den Freiraum genutzt, der durch das Ende der Maloche auch in Küche und Garten entstanden war. Für sie stand das Gedicht aber ihrem Freiheitsgewinn nicht im Wege, weil es an entscheidender Stelle schweigsam war. Bei genauerem Hinsehen wirkt das Gedicht nämlich unvollständig. Neben dem Einleitungs- und Schlussvierzeiler gibt es zwei sechszeilige Strophen, die die Vorurteile gegen die Vergleichsgegenstände (Frau und Kartoffeln) vorstellen. Während dann aber die Vorurteile gegen die Kartoffel auf zwölf Zeilen lebhaft ausgemalt und dadurch der Lächerlichkeit preisgegeben werden, wird eine solche Konkretisierung im Falle der Frau nur in zwei Zeilen angedeutet. Der Rest wird der Fantasie der Festgesellschaft überlassen. Festgehalten wird nur, dass das Urteil der Männer über das Tun der Frauen fehlgeht. Wie genau die Gegenwart und Zukunft der Bauersfrau nach dem Ende des Schleppens, Hackens und Fütterns aussehen sollte, darüber gab es in den 1950er- und 1960er-Jahren sehr unterschiedliche Meinungen. Das Gedicht schweigt dazu. Unsere Mutter fand ihre eigene Antwort, als die Zeit meines Vaters in den 1960er-Jahren zu Ende ging. Ihre Antwort hat vor allem die mittleren und jüngeren Kinder geprägt. Aus deren Erinnerungen vor allem werden die 1960er- und 1970er-Jahre auf der Horst rekonstruiert: die Zeit meiner Mutter.

Es ist schwieriger, diese Zeit zu beschreiben, als die meines Vaters. Vaters Zeit ist in unserer Familienüberlieferung besser dokumentiert. Seine Feld- und Stallarbeit spiegelt sich in Melkbüchern, Bauplänen und in den Erinnerungen meiner älteren Brüder. Seine berühmtesten Kühe tauchen im Landwirtschaftlichen Wochenblatt auf. Von meiner Mutter gibt es Zeugnisse und Beurteilungen aus ihrer Schul- und Lehrzeit. Die nächsten schriftlichen Aufzeichnungen sind Zeitungsausschnitte aus der Mitte der 1970er-Jahre. Aus den späten 1980er- und frühen 1990er-Jahren gibt es autobiographische Notizen. Für die dazwischen liegende Zeit bin ich auf die Erinnerungen meiner Geschwister angewiesen und auf Literatur zur Geschichte der Landfrauenbewegung, der Bäuerinnen, der Kindheit und Jugend. Viel ist das nicht.

## Ankommen

Meine Mutter war 1922 auf einem Bauernhof bei Wadersloh geboren worden, gut 80 Kilometer östlich von Nottuln zwischen Beckum und Lippstadt gelegen. Sie war die Älteste von fünf Geschwistern. Ihr nächstjüngerer Bruder und Hoferbe verlor als Kind ein Bein bei einem Autounfall und starb im frühen Erwachsenenalter an einer Infektion. Zwei Schwestern wurden 1926 und 1930, ein zweiter Sohn 1936 geboren. «Frohe und zufriedene Kindheit», notierte sie Ende der 1980er-Jahre rückblickend. «In der Jugend viel Arbeit, wenig Möglichkeiten während des Krieges für Zusammenkünfte und zum feiern.»[3] Mutter war eine gute Schülerin. Die häufigste Note in ihren Zeugnissen der achtklassigen Volksschule war «gut». Musik und Zeichnen, später auch Rechnen und Fächer wie Geschichte, Bürgerkunde und Erdkunde fielen etwas ab. Neben dem Zeugnisheft ist ein Büchlein mit sorgfältig handschriftlich notierten Gedichten aus der Kinderzeit erhalten. Danksagungen an die Eltern sind dabei. Es gibt ein anrührendes Stück über Seppi, der seine Mutter verlassen muss, um Geld zu verdienen, an Weihnachten zurückkehrt, seine Mutter tot vorfindet und glücklich an ihrem Totenbett ebenfalls stirbt – offenbar als Idealbild der Elternliebe gedacht. Eine neuntägige Andacht zu Weihnachten, didaktisch angelehnt am Aufbau der Krippe (Bausteine holen, Fundament legen, Wände errichten usw.) schärft erzieherische Grundsätze ein: demütig sein, nichts übelnehmen, Nächstenliebe üben, nicht neugierig sein, fleißig und treu arbeiten, in Gottes Gegenwart wandeln. Intensive Religiosität und Familienbezogenheit hatten Folgen. Mutter erzählte später, dass sie als Kind nicht an den Veranstaltungen der NS-Jugendorganisationen habe teilnehmen dürfen. Ihr Vater war wohl vor 1933 auf lokaler Ebene für das Zentrum aktiv gewesen. Wie abweichend die Haltung meiner Großeltern war, ist schwer zu sagen. Der Großvater erhielt im Oktober 1942 die allerdings millionenfach verteilte Kriegsverdienstmedaille. Ein Jahr nach Kriegsende wurde er Amtsbürgermeister von Wadersloh. Er starb früh, im Oktober 1947.[4]

Das achte und letzte Volksschuljahr absolvierte Mutter knapp 100 Kilometer vom heimischen Hof entfernt im Kloster Loreto, eine Dreiviertelstunde Fußweg von dem Städtchen Burgsteinfurt entfernt. Das Pfarramt Wadersloh hatte zuvor bescheinigt, dass sie «eine sehr brave u. fleißige Schülerin»[5] sei. Eine Reihe von Bauern, die es sich leisten konnten, schickten ihre Töchter zum Ende der Schulbildung in derartige kirchliche Einrichtungen. Sie «kamen dann als Fräuleins wieder zurück»,[6] erinnert sich ein Zeitzeuge.

Mutters nächstjüngere Schwester erinnert sich in einem biographischen Interview.[7] «Die Mädchen auf dem Lande bekamen eine hauswirtschaftliche Ausbildung». Dann musstest du warten, bis du weggeheiratet wurdest. Wenn du Pech hattest, war das eben nicht.»[8] In Wadersloh gilt diese Aussage wie in Nottuln für die größeren Bauern, die es sich leisten konnten, ihre Töchter nicht in den Gesindedienst zu schicken. Wurden Alternativen erwogen? Die nächstjüngere Schwester meines Vaters hatte eine weiterführende Schule für Mädchen besuchen dürfen, die es in Nottuln gab. Sie war die Einzige der Geschwister meiner Eltern, die aus der bäuerlichen Welt ausscherte. Dass sie einen Lehrer heiratete und in die Stadt zog, machte die Familienbeziehungen ein wenig kompliziert, wie eingangs geschildert wurde. Mutters jüngere Schwester erinnert sich, dass auch sie «mal zur höheren Schule gehen» sollte – wer diesen Vorschlag unterbreitete, wird in dem Interview nicht klar. «Aber wie hätten meine Eltern das hier in der Bauernschaft damals machen sollen? Ich hatte ja nicht mal ein gescheites Fahrrad, um zur Schule zu fahren. Es ist nie ein Wort drüber verloren worden. Ich kann nicht mal sagen, dieser Traum ist in mir wach geworden und ich musste den jetzt zudecken. So weit ist es gar nicht erst gekommen. Es ist einfach nichts draus geworden.»[9] An anderer Stelle in dem Interview erinnert sich Mutters Schwester, dass sie gern Lehrerin geworden wäre. Meine Mutter selbst hat sich Ende der 1980er-Jahre in einer autobiographischen Notiz zu diesem Thema sehr klar geäußert: «Während meiner hauswirtschaftlichen Ausbildung war es immer noch mein Wunsch, landw. Lehrerin zu werden. Die Eltern ganz dagegen.» Und etwas später: «Mein Berufswunsch wurde nicht erfüllt.»[10] Lehrerin – das blieb für die Schwestern ein Traum, so unerreichbar wie die Fußball-Bundesliga für kleine Jungs heute.

Die hauswirtschaftliche Ausbildung war in den späten 1930er- und frühen 1940er-Jahren noch wenig standardisiert. Doch die Eltern Schrage bemühten sich, ihre Töchter angemessen auf die Aufgaben als Bauersfrau und Mutter vorzubereiten und damit auch ihre Heiratschancen zu verbessern. Mutter besuchte im Winterhalbjahr 1939/40 die Mädchenabteilung der Landwirtschaftsschule Neubeckum, 25 Kilometer vom elterlichen Hof entfernt. Sie brachte die Note «gut» in den Fächern Deutsches Bauerntum, Nadelarbeiten, Hofarbeiten, Gartenarbeiten, Gesundheitspflege, Kinderpflege und Familienpflege mit nach Hause.[11] Kochen und Hausarbeiten waren «befriedigend». Anschließend absolvierte Mutter ein Lehrjahr in der ländlichen Hauswirtschaft. Ausbildungsort war der Hof Schulze Eistrup, eben der führende Schulzenhof in unserer Bauerschaft Horst. Wie diese Verbindung zustande kam, ist unklar. Möglicherweise hatte der Hof eine gute Reputation als Ausbildungsplatz, und die Eltern achteten auf Qualität. Die jüngere Schwester meiner Mutter erinnert sich, dass ihre Mutter den für sie ausgewählten Ausbildungshof einmal in Augenschein genommen hatte, die Tochter selbst nicht, der Vater auch nicht. «Stell dir mal vor, du wirst da als Landpomeränzchen mit dem Kutschwagen an der Bahn abgeholt und du weißt nicht, wo sie dich jetzt hinfahren.»[12] Ähnlich wird es meiner Mutter gegangen sein.

Frau Schulze Eistrup stellte am Ende des Jahres ein kurzes und wenig aussagekräftiges Zeugnis aus. Mutter zog dann für ein Jahr auf den Hof Budde-Severing nach Borghorst-Dumte, nur eine Stunde Fußweg vom Kloster Loreto entfernt, wo sie ihre ersten auswärtigen Lebenserfahrungen gesammelt hatte. Dort arbeitete sie als Hauswirtschaftsgehilfin. «Fleißig, froh und zuverlässig» sei sie gewesen, vermerkte Frau Budde-Severing in ihrem Abschlusszeugnis, «ehrlich und ordentlich, stets gefällig und kinderlieb». Ein Jahr später heiratete sie meinen Vater. Die beiden hatten sich während des Schulze Eistrup-Lehrjahres meiner Mutter kennengelernt. Danach gab es Besuche und Briefe. Letztere haben sich nicht erhalten. Meine Mutter hat mir einmal erzählt, dass Vater und sie die Briefe verbrannt hätten, als unser Hof beim Einmarsch der alliierten Truppen rund um Ostern 1945 wie viele andere Höfe eine Zeitlang als Truppenunterkunft gedient habe. Sie seien in dieser Zeit ausquartiert worden und hätten Angst gehabt, dass die Briefe in falsche Hände geraten könnten.

Die um Ostern 1945 verbrannten Briefe sind typisch für die Art und Weise, in der die nationalsozialistische Zeit in unserer Familie präsent ist. Sie war kein eigenes Thema, sondern eher Hintergrund familiärer Ereignisse. In den Familienunterlagen gibt es die eben vorgestellten Zeugnisse aus den 1930er- und frühen 1940er-Jahren. Mutters Kindheitsgedichte stammen aus dieser Zeit, außerdem Melkbücher, ein Vertrag zur Übertragung des Hofes Horst 17 an meinen Vater Jahre vor seiner Verheiratung, ein Ehe- und Erbvertrag zwischen meinen Eltern, mithilfe dessen meine Mutter nach der Hochzeit zur gleichberechtigten Eigentümerin des Hofes wurde. In der Taufurkunde meines ältesten Bruders aus dem Jahr 1944 ist vermerkt, dass die als Taufpatin vorgesehene Mutter meiner Mutter kurzfristig durch die Schwester meiner Mutter ersetzt werden musste. Die Züge fuhren 1944 nicht mehr regelmäßig und verlässlich, die Patin kam einfach nicht an. Die Schwester meiner Mutter hingegen arbeitete zu der Zeit auf einem Hof in der Nähe.

Nur in den Interviews meiner ältesten Geschwister kommt die nationalsozialistische Zeit vor. Sie ist dort gleichbedeutend mit «dem Krieg», der der Zweite Weltkrieg ist. Davon habe er (Jahrgang 1944) nichts mitbekommen, sagt Hermann. «Wir hatten ja auch keinen in der Familie, der da drin war.» Bei genauerem Nachdenken kamen wir auf vier Onkel, die Soldaten waren. Aber keiner habe davon erzählt, sagt Hermann. «Dass es zum Beispiel einen Weltkrieg gegeben hatte», sagt Kaspar, Jahrgang 1946, «das ist nie ein Thema gewesen, ich weiß gar nicht, wann ich erfahren habe, dass es das gab.» Der Wechsel vom Maskulinum Krieg ins sächliche «das» wie «irgendwas» ist bezeichnend. Vage erinnert sich Kaspar an Erzählungen, dass Frauen und Kinder sich um Ostern 1945 vor den anrückenden Amerikanern in den alten Landwehrgräben versteckt hatten. Dass in Sichtweite unseres Hofes bei der Gastwirtschaft Sudhoff Kämpfe mit mehreren Toten stattfanden und während der Kampfhandlungen auf der Horst eine Granate den Giebel unseres Hauses getroffen hätte, ohne Schaden anzurichten, wie ein Zeitzeuge vor Kurzem berichtet hat,[13] erwähnt keines meiner Geschwister. Dabei hätte das Ereignis gut in eine Opfergeschichte gepasst. Es gab weitere Einschusslöcher an unserem Haus. Wenn ich Vater danach fragte, zuckte er mit den Schultern. Mechthild gibt an, Vater gefragt zu haben: «Warum warst du eigentlich kein Soldat?» Er habe auf seine Unabkömmlichkeit als Hoferbe verwiesen und auf seine Senkfüße, weswegen er nicht habe marschieren können. Gregor und ich selbst erinnern uns an Vaters Erzählung von der Einziehung zum Volkssturm. Er habe sich trotz anderslautender Atteste, die er mehrfach eingeholt habe, nicht entziehen können. Er habe sich aber gleich am ersten Tag krank gemeldet und sei vom zuständigen Arzt wieder nach Hause geschickt worden. Das war der Krieg aus seiner Sicht. Ich meine mich zu erinnern, dass Vater von der Überführung seines Reitervereins in die Reiter-SA gesprochen hat, und dass er dabeigeblieben sei, bis die Veranstaltungen auf den Sonntag gelegt worden und damit in Konkurrenz zum Gottesdienst getreten seien. Von da an sei er nicht mehr hingegangen. Ausgetreten sei er nicht.

Von Mutters Erinnerung an den Krieg redet niemand. Ich habe meine Geschwister auch nicht danach gefragt. Ich meine mich zu erinnern, meine Mutter einmal nach ihren Erlebnissen gefragt zu haben. «Schlimm» sei das gewesen, hat sie meiner Erinnerung nach gesagt, und dass sie nicht davon reden wolle. Ihr Vater habe Feindsender gehört, und sie habe Angst gehabt, dass er entdeckt würde. Ihre Eltern hätten ihr untersagt, an den nationalsozialistischen Jugendaktivitäten teilzunehmen. Das sei ihr verständlich gewesen, habe aber trotzdem wehgetan. Und dann seien da, nach ihrer Hochzeit 1943, die Leute aus der Stadt gewesen, die vor der Tür gestanden und um Lebensmittel gebeten hätten. Sie habe nicht das geben können, was diese Leute offensichtlich gebraucht hätten. «Schlimm» sei das gewesen.

Meine Eltern haben sich, so scheint mir, während der nationalsozialistischen Zeit weggeduckt. Sie haben gehofft, dass sie so durchkämen. Heldenhaft ist ihnen das im Rückblick wohl nicht vorgekommen, weshalb sie das Thema tunlichst vermieden. Waren sie unpolitisch? Eher nicht. Zumindest Vater war politisch meinungsstark, las Zeitung, hörte und sah Nachrichten und politische Sendungen. Vater und Mutter nahmen an jeder Wahl teil, vom Gemeinderat bis zum Bundestag. Nach eigenen Aussagen wählten sie immer

CDU. Die waren für die Bauern (an dieses Argument von Vater erinnert sich Matthias) und für die Kirche (an dieses Argument von Mutter erinnere ich mich). Die Partei und ihre Repräsentanten sollten es dann richten. Das eigene Aktionsfeld lag auf dem Hof und im Lokalen. Den Staat nutzte man, wenn er Angebote machte. Ansonsten ging man ihm besser aus dem Weg. Bezeichnend, dass von uns sieben Brüdern nur einer den Wehrdienst abgeleistet hat. Meine älteren Brüder haben mit teils originellen Argumenten das Soldatsein vermeiden können. Hermann war als Hoferbe unabkömmlich. Kaspar befand sich früh im Ausbildungsgang Pharmazie, der dem Studium in den 1960er-Jahren vorgelagert war, und wurde vorerst verschont. Später scheint er von den Behörden vergessen worden zu sein. Wilhelm behauptete, er habe ungleich lange Füße, die Bundeswehr werde keine Schuhe für ihn finden. Derartige Vermeidungsstrategien unterstützte Vater gern. Als ich den Wehrdienst verweigern wollte, hatte er dagegen Bedenken. Vermutlich fürchtete er, es liege kein Segen darauf, sich ganz offiziell mit den Normen des Staates auseinanderzusetzen.

Spuren dieser Haltung finden sich auch bei meinen Geschwistern und mir. Nur Hermann hat sich als Interessenvertreter der Landwirte auf lokaler Ebene parteipolitisch engagiert. Wir anderen sind bis heute nicht parteipolitisch, sondern jenseits der Politik zivilgesellschaftlich aktiv, in der Regel ebenfalls lokal. In keinem der Interviews kommt das Wort «Nation» vor, obwohl ich alle Geschwister nach politischen Erfahrungen und Einstellungen gefragt habe. «Deutschland» gibt es sehr selten und nur als geographischen Begriff. «Deutsch» bezeichnet ein Schulfach, kommt im Gegensatz Hochdeutsch–Plattdeutsch vor und im Rahmen von Institutionenbezeichnungen: Deutsche Landwirtschaftsgesellschaft und Katholische Frauengemeinschaft Deutschlands. Natürlich wissen wir, dass es die Nation und Deutschland gibt. Politik ist uns wichtig, wie sie auch meinen Eltern wichtig war. Aber sie ist nicht unser Feld. Wir gehen wählen. Aber wir packen da an, wo wir die Folgen unseres Handelns abschätzen und sehen können.

## Gestalten

«Früher wurde einfach viel von den Eltern bestimmt. Wir sind doch erst ‹ich› geworden, als wir verheiratet waren», sagte die Schwester meiner Mutter im Rückblick. Eigenes Geld habe sie erst nach ihrer Verheiratung erhalten. Wie meine Mutter kam sie mit der Hochzeit nicht einfach nur auf einen anderen Bauernhof. Sie wurde vom ersten Tag an dessen Chefin. «Außer uns Eheleuten wohnten auf dem Hof noch fünf Verwandte, drei junge Männer, die uns halfen, und ein Hausmädchen. Wir waren also schon ohne Kinder elf Personen. Und ich war auch von den anderen geachtet, obwohl ich noch so jung war. ... Die Familie hier habe ich dann immer besser kennengelernt. Wir waren ja den ganzen Tag über zusammen. Es war einfach immer viel zu tun.»[14]

Meine Mutter hat gelegentlich berichtet, dass ihre nunmehrige Schwiegermutter ihr am Tag nach der Hochzeit die Haushaltsleitung übertragen habe. «Wurde dort angenommen, so wie ich war», schrieb sie später.[15] Wie die Erinnerung der Schwester meiner Mutter zeigt, war die Heirat ein entscheidender Schritt: zum persönlichen Erwachsenwerden ebenso wie zur Übernahme unternehmerischer Verantwortung. Wie ihre jüngere Schwester hat sich auch meine Mutter erinnert, jung und unerfahren gewesen und auf das Verständnis der Älteren angewiesen zu sein. Das war heikel. Gearbeitet wurde im Team, zu dem auch auf der Horst neben der Schwiegermutter noch Geschwister des Ehemanns und Bedienstete gehörten. Die Arbeit musste geplant, strukturiert und aufgeteilt werden. Tiere mussten versorgt und die Erträge der Milch- und Eierwirtschaft vermarktet werden. Der Garten sollte optimal genutzt werden, das Haus in Ordnung sein. In der letzten Phase des Krieges spielten sparsame Mittelbewirtschaftung und das Denken in längeren Zeiträumen eine immer größere Rolle. Es ging nicht einfach nur ums tägliche Kochen und Backen. Wirtschaften auf Vorrat war nötiger denn je. Alle, die zum Hof gehörten, sollten auch im nächsten Winter und im nächsten Frühjahr noch satt werden. Für den Umgang mit den Menschen aus der Stadt, die um Nahrungsmittel baten, musste eine Lösung gefunden werden, ebenso für die Beherbergung von Vertriebenen und Flüchtlingen.

Von der guten Wirtschaft meiner Mutter im Haus war der Erfolg des Hofes genauso abhängig wie von den landwirtschaftlichen Fähigkeiten meines Vaters. Nun musste sich die Ausbildung in Neubeckum bei Schulze Eistrup und Budde-Severing bewähren. Weil Haus- und Gartenwirtschaft von den Jahreszeiten abhingen, dürfte sich im Laufe des ersten Jahres herausgestellt haben, dass meine Mutter den Anforderungen gewachsen war. Meine Großmutter war ein Risiko eingegangen, als sie ihr die Wirtschaftsleitung gleich am ersten Tag übertragen hatte. Wahrscheinlich hatte sie das Risiko für kalkulierbar gehalten. Sie wird sich bei Schulze Eistrup erkundigt haben.

Am 29. November 1943, sechs Wochen nach der kirchlichen Hochzeit, schlossen meine Eltern einen Ehe- und Erbvertrag. Einleitend wurde festgehalten, dass «die Ehefrau Frie ... bei ihrer Verheiratung eine standesgemässe Möbel- und Wäscheaussteuer mit auf den Hof gebracht» habe. «Eine Barausstattung in noch nicht feststehender Höhe hat sie vom elterlichen Erbhof noch zu erwarten.» Meine Eltern beantragten eine Änderung der Eigentumseintragung im Grundbuch Nottuln. Beide sollten nun Eigentümer sein, «in der allgemeinen Gütergemeinschaft des Bürgerlichen Gesetzbuchs lebend».[16] Vertraglich wurde hier festgehalten, was die Mutter meines Vaters mit Worten und Gesten ausgedrückt hatte: Das mit verteilten Rollen gemeinschaftlich wirtschaftende junge Paar hatte die Führung des Unternehmens übernommen. Die Ehe war eine Liebes-, eine Lebens- und eine Wirtschaftsentscheidung. Wahrscheinlich werden meine Eltern nicht angenommen haben, dass das unterschiedliche Dinge waren.

Auf der Horst war vieles neu für Mutter. Ihr Dialekt unterschied sich vom Nottulner Platt deutlich und wies sie als Fremde aus. Es dürfte ihr wenige Jahre später leicht gefallen sein, zu entscheiden, mit ihren Kindern nur hochdeutsch zu reden. Das war gut für uns, weil wir in der Schule die typischen Grammatikfehler der mit Plattdeutsch aufgewachsenen Kinder nicht machten. Für Mutter war es auch ein Bekenntnis zur Modernität. Der Dialekt galt in den 1950er-Jahren rund um Münster bereits als hinterwäldlerisch. Als das Landwirtschaftliche Wochenblatt 1963 ein Plädoyer für das Plattdeutsche als Umgangssprache hielt, weil es Heimat, Geborgenheit, Volkstum repräsentiere, argumentierte es bereits aus der Defensive heraus.[17] Das Plattdeutsche wurde erst in den 1980er-Jahren wieder attraktiv, als Bekenntnis auch derjenigen zu ihrer neuen Region und Heimat, die in nun boomende Dörfer wie Nottuln hineingewachsen waren. Da waren die meisten aktiven Dialektsprecher allerdings bereits im Rentenalter oder verstorben. Wir wurden seit Mutters Entscheidung für das Hochdeutsche zweisprachig erzogen, bemerkten das allerdings nicht. Vater redete plattdeutsch, wir antworteten hochdeutsch und verständigten uns auch untereinander in der Hochsprache. Weil auch rund um unsere Familie herum der Alltag mehr und mehr hochdeutsch ablief, sind unsere Plattdeutschkenntnisse überwiegend passiv. Nur die ältesten Geschwister sprechen plattdeutsch, sind aber mit Ausnahme von Hermann wenig geübt.

Auch in Küche und Garten warteten Herausforderungen auf die junge Hausherrin. Der bei Nässe schmierige und klebrige, bei Trockenheit betonharte Lehmboden im Garten stellte andere Anforderungen als der Garten ihrer Heimat. Es gab eigenwillige Kochrezepte, die Mutter zunächst nicht für genießbar hielt. Besonders beeindruckend: der «Soppen», das «Eingeweichte» also. Es gab Fettsoppen, der aus Knabbeln bestand, bei geringer Hitze im Backofen getrockneten Brotstücken. Sie wurden in Wasser eingeweicht, ausgedrückt, mit heißem Schmalz übergossen, gesalzen und zum Frühstück serviert. Grundbestandteil von Wurstsoppen war eine Wurst aus Blut, Roggenschrot und Speck. Sie diente, in Schmalz gebraten, als Abendessen. Die Reste wurden über Nacht in Wasser eingeweicht und morgens zu einem Frühstücksbrei verkocht. «Wenn geschlachtet worden ist», erinnert sich Hermann, «dann gab's jeden Tag Wurst und Wurstsoppen, und irgendwann warst du den sowas von leid.» Insgesamt dürfte das Leben in Nottuln derber und ein wenig karger gewesen sein als bei Mutters Eltern und bei ihren Ausbildungsbetrieben. Aber sie gewöhnte sich daran.

Heirat bedeutete auch: Bereitschaft, Mutter zu werden. 1944, im Jahr nach der Hochzeit, wurde Hermann geboren. Seitdem war Mutter in jedem zweiten Jahr schwanger, bis zu ihrem 47. Lebensjahr. 1952 war eine Fehlgeburt zu beklagen, 1965 starb meine nächstjüngere Schwester Helene kurz nach der Geburt, stranguliert durch die eigene Nabelschnur. Eine Nottaufe gelang gerade noch. Elf Kinder überlebten. Das war in der Geschichte des Hofes Frie auf der Horst einmalig. Mein Vater hatte vier Geschwister gehabt, meine Mutter ebenfalls. Der Vater meines Vaters hatte sechs Geschwister, dessen Vater zwei, eines davon aus der ersten Ehe seines Vaters stammend. Wenn wir den Kirchenbüchern der Gemeinde Nottuln in die Geschichte folgen, treffen wir im späten 17. Jahrhundert noch einmal eine Familie auf dem Hof Frÿe – die Schreibweise des Namens variiert beträchtlich, die heutige «Frie»-Variante bürgerte sich seit dem späten 18. Jahrhundert allmählich ein – mit zehn Kindern an. Alle anderen Familien der Fries waren deutlich kleiner.

Die wirtschaftenden Paare achteten offenbar darauf, die Hofnachfolge zu sichern, aber nicht zu viele Nachkommen zu haben. Um die Eltern im Alter zu versorgen, reichte ein Sohn aus. Als Alleinerbe, so die Tradition im Münsterland, würde er den Hof weiterführen und den Eltern ein Auskommen bieten. Jüngere Geschwister würde er so ausstatten, dass sie eine Chance auf dem Heiratsmarkt hätten. Blieben sie unverheiratet, würde er auch für ihr Auskommen sorgen. Je größer die Zahl der überlebenden Kinder, desto größer die Schwierigkeit, die Substanz des Hofes zu gewährleisten und gleichzeitig die abziehenden oder bleibenden Geschwister anständig zu behandeln.

Die finanziellen Möglichkeiten des Hoferben veränderten sich über die Jahrhunderte hinweg. Als «unvermögend» wurde der Hof bei einer Hausstättenschatzung 1679 eingeschätzt.[18] Im späten 19. Jahrhundert war die Situation besser, wie der repräsentative Neubau unseres Bauernhauses zeigt. Auch die turbulenten Kriegs-, Nachkriegs- und Vorkriegsjahre der ersten Hälfte des 20. Jahrhunderts scheinen dem Hof nicht geschadet zu haben. Sonst hätte Vater nicht direkt nach der Währungsreform Kuh- und Schweinestall um- bzw. neu bauen können.

Die Kinderzahl hing über die Jahrhunderte hinweg mit wirtschaftlichen Erwägungen zusammen. Die auf dem Hof lebenden Paare besaßen offenbar ein Wissen über Schwangerschaftsvermeidung, das es ihnen ermöglichte, die Zahl der Nachkommen zu regulieren. Seit Ende des 17. Jahrhunderts hat keine Frau auf Horst 17 so wie meine Mutter bis zum Ende ihrer biologischen Fruchtbarkeit regelmäßig Kinder geboren. Warum war das so? Die allermeisten von uns Kindern haben meinen Eltern diese Frage nicht gestellt. Zum einen haben wir fälschlicherweise angenommen, das sei schon immer so gewesen und wir seien nur etwas traditioneller als die Familien um uns herum. Zum anderen war das Kinderthema schwierig. Die Älteren, die die immer wiederkehrenden Schwangerschaften meiner Mutter mit einer je nach Persönlichkeit wechselnden Mischung aus Freude, Sorge und Scham beobachteten, werden das Thema aus Angst vor kaum führbaren Gesprächen gemieden haben.

Sexualität war kein Thema bei uns. Für die Jüngeren wie mich war die Frage nach dem Warum gleichbedeutend mit der Frage nach der eigenen Existenz. Warum hätten wir sie stellen sollen? Für uns war es gut, dass wir besonders waren.

Ein Vergleich meiner Eltern mit ihren Geschwistern hilft ein wenig weiter. Die Zahl der Kinder pro Paar nahm in der Geschwisterreihe meiner Mutter wie meines Vaters ab. Bei meiner Mutter lautete die Reihung 11, 0, 8, 5, 3 (der älteste Bruder war verstorben, ohne geheiratet zu haben), bei meinem Vater 11, 3, 6, 4, 0 (die älteste Schwester fiel mit höherer Schulbildung, einem Lehrer und späteren Schuldirektor als Mann und einem Wohnhaus in der Stadt aus dem Rahmen; die jüngste Schwester heiratete sehr spät einen Witwer mit vielen Kindern). Möglicherweise liegt ein Teil der Erklärung in einer außergewöhnlich intensiven katholischen Erziehung der ältesten Kinder. Sie dürfte in der Ausnahmezeit der Auseinandersetzung mit dem Nationalsozialismus noch einmal verdichtet worden sein. Sie könnte das Wissen um Verhütung delegitimiert, die Idee von dem je eigenen Wert der Geschlechter und der Sorge um Haus und Kinder als Aufgabe der Frau und Mutter aber religiös überhöht haben. Die aus Kindheit und Jugend meiner Mutter erhaltenen Aufzeichnungen passen dazu. In den 1950er-Jahren ging in westfälischen Dörfern die während der nationalsozialistischen Zeit intensivierte Haus- und Kirchenfrömmigkeit wieder zurück. Kirchliche Gebetszeiten und Bekenntnistage wurden nicht mehr beachtet, dem Pfarrer wurde gelegentlich sogar die Kompetenz in weltlichen Angelegenheiten abgesprochen.[19] Innerkirchlich wurde rund um das Zweite Vatikanum kontrovers über Fragen der Familienplanung diskutiert. Das Verbot der Pille und aller anderen «nichtnatürlichen» Verhütungsmaßnahmen galt als Extremposition.[20] Als Papst Paul VI. 1968 mit der Enzyklika «Humanae Vitae» dieses Verbot erneut einschärfte, löste er eine Rebellion aus. Die katholische Kirche verlor das bisschen Gefolgschaft in intimen Dingen, das die Erosion der intensiven Kirchlichkeit in den 1950er-Jahren überlebt hatte. Diese Debatten scheinen allerdings bei meinen Eltern, die Mitte der 60er-Jahre schon in ihren vierziger oder fünfziger Jahren waren, ohne Folgen geblieben zu sein.

Meine Mutter war und blieb eine tiefreligiöse Frau. Im Jahr nach der Geburt ihres siebten Kindes Paul – weil der Bundespräsident kinderreiche Familien bis heute durch die Übernahme der Patenschaft beim siebten Kind ehrt, hat Paul mit Theodor Heuss von uns allen den berühmtesten Patenonkel – stellte eines ihrer Knie den Dienst ein. Unfähig zu arbeiten, ja zu laufen, verbrachte sie längere Zeit im Krankenhaus. Die Beschwerden schienen kein Ende zu nehmen. Einigermaßen wiederhergestellt, wurde sie erneut schwanger. Wie sollte das gehen? In ihrer Sorge wandte sich meine Mutter an die heilige Maria. Sie war fest davon überzeugt, mit der Gottesmutter reden, sie auf ihre Seite ziehen zu können. Sie schilderte ihre Not, machte Angebote für die Zukunft. Und wirklich ließen die Beschwerden nach. Die Kommunikation mit dem Jenseitigen war nicht nur in diesem Fall erfolgreich. Mutter zündete eine Kerze unter dem Bild der Gottesmutter an, wenn eines ihrer Kinder eine Prüfung oder ein Vorstellungsgespräch durchstehen musste. Eine Zeitlang segnete sie uns, wenn wir morgens aus dem Haus gingen. Die zeremoniellen Formen änderten sich. Was fehlte, war der traditionskatholische Bezug auf die reiche Heiligenwelt. Weder Mutter noch später wir Kinder riefen den Heiligen Antonius an, wenn wir etwas verloren hatten. Wir betrachteten den Blasiussegen, den die Kirche Anfang Februar gegen Halsleiden austeilte, mit Skepsis. Der Katholizismus war auf Jesus und die heilige Familie konzentriert. Mutter hatte das Gefühl, von Jesus und seiner Mutter behütet, «getragen» zu sein, wie sie einmal schrieb, und vermittelte auch uns dieses Vertrauen.

Konstanz und Wandel im Glaubensleben meiner Mutter und meiner Geschwister waren persönliche Entscheidungen. Sie hingen mit Entwicklungen und Entscheidungen des Bistums Münster zusammen, von denen wir nichts wussten. Von den Jahren meines Bruders Kaspar im Internat der Loburg und der Landjugendprägung meiner ältesten Geschwister war schon die Rede. Für die jüngeren wurden in den späten 1950er- und 1960er-Jahren die katholischen Heimvolkshochschulen und die Akademie Franz Hitze Haus wichtiger. Diese Einrichtungen sollten, so der Plan des Bistums, durch Bildungsarbeit eine hoch motivierte Laienelite hervorbringen, die dann innerhalb ihres eigenen Erfahrungs- und Lebensraumes die vielen anderen in ihrem Christentum fördern und stärken könne. Wilhelm Damberg, der diesen Teil der Bistumsgeschichte aufgearbeitet hat, ist skeptisch, was den Erfolg der Strategie betrifft.[21] Natürlich hat er recht. Der Anteil der Gottesdienstbesucher an den Katholiken insgesamt war in der direkten Nachkriegszeit zwar angestiegen, ging aber bereits seit Ende der 1940er-Jahre leicht zurück. Der Abwärtstrend beschleunigte sich in den späten 1950er-Jahren. In den dramatischen Jahren 1968 bis 1973, rund um «Humanae vitae» und die 68er-Bewegung, stürzten die Zahlen geradezu ab, um dann in moderaterem Tempo weiter zurückzugehen. Doch unterhalb des Gesamttrends gab es neue Formen des Katholischseins: Das neue geistliche Lied um Zentralfiguren wie Piet Janssens oder Ludger Edelkötter, die bunten und besucherstarken Katholikentage der 1970er- und 1980er-Jahre. Sie brachen den Trend nicht. Sie sorgten aber immerhin dafür, dass die katholische Kirche nicht einfach nur schrumpfte und verfiel, sondern vor Ort attraktiv und zeitgemäß blieb, jedenfalls für einige.

Meine Mutter war, so scheint mir, eines dieser Erfolgsbeispiele neuen Katholischseins – allerdings ein zu unbedeutendes, als dass die Bistumsstrategen oder später ihr Geschichtsschreiber Wilhelm Damberg den Erfolg hätten bemerken können. Sie ging nicht auf Katholikentage, und sie sang erst spät neue geistliche Lieder. Aber sie begann, möglicherweise nach Erstkontakt über die Pfarrgemeinde, die Angebote der Volkshochschulen und Akademien wahrzunehmen. Sie besuchte Kurse und mehrtägige Veranstaltungen, begleitet von ihren kleineren Kindern, die in einem Hort betreut wurden und auch nachts bei ihr bleiben konnten. Zunächst die «Stützen», später die eigenen Töchter hielten zu Hause den Betrieb am Laufen und versorgten die älteren Kinder und den Vater.

Vom Franz Hitze Haus brachte Mutter Ideen mit, die «unser religiöses Bewusstsein wirklich auch verändert und entwickelt» haben, wie Katharina (geb. 1954) sagt. Rituale wie Maiandacht, Rosenkranzmonat und die endlosen Litaneien am Heiligen Abend wurden aufgebrochen, zum Teil auch aufgegeben. An ihre Stelle traten Versuche, jedem Einzelnen von uns Gottesbegegnungen zu ermöglichen. Mutter verabschiedete Kinder nicht mehr im Wohnzimmer, wenn sie ins Bett gingen, sondern setzte sich ans Bett und übte das persönliche Gebet ein. Die Litaneien wurden gekürzt, dafür konnten persönliche Weihnachtsgedichte oder Weihnachtsgeschichten vorgetragen werden. Die Weihnachtskrippe bauten die Kinder nun selbst auf. Moos wurde gesucht, Berge und Täler, Wege und Wildnis wurden modelliert. Für das Tischgebet suchten und fanden wir Variationen. Mutter legte Wert auf Sorgfalt und Empfindung beim Vorbeten. Katharina fiel nun auf, dass bei Verwandten die Sprechgeschwindigkeit höher und die Emphase geringer war.

Für die Bistumsstrategen war die Veränderung der Familienreligiosität nur Teil der Umgestaltung der christlichen Gemeinschaft im Ganzen. In der Umsetzungsphase des Zweiten Vatikanums rückte dieses Bestreben in den Vordergrund. Christen sollten befähigt werden, frei verantwortlich religiös zu handeln, sich in eigener Verantwortung der Christengemeinschaft anzuschließen und hier eine Aufgabe zu übernehmen.[22] Auch an dieser Bewegung nahm Mutter teil. Ende der 1960er-Jahre begann sie, Kindergottesdienste vorzubereiten. Später gab sie Kommunion- und Firmunterricht. Sie ließ sich ins Pfarrkomitee, später in den Pfarrgemeinderat wählen. Gemeinsam mit meinem in dieser Hinsicht skeptischen Vater trat sie einem Familienkreis bei. 1976 wurde sie Vorsitzende der Katholischen Landfrauen in Nottuln, zwei Jahre später Sprecherin des Leitungsteams der Katholischen Landfrauen auf Dekanatsebene.

Grundlage dieses Engagements war eine Verbindung von Hören, Lesen und Diskutieren. Mutter wird in den 1950er-Jahren jenseits von Tageszeitung und Wochenblatt nicht viel gelesen haben. Muße und Lesen waren keine akzeptierten Tätigkeiten für Bäuerinnen am Abend, wie auch Mutters

Schwester berichtet. «Als Frau musstest du dich immer beschäftigen. Sei es Strümpfe stopfen, nähen, Handarbeit.»[23] Deswegen waren die Kurse so wichtig, in denen Frauen wie meine Mutter aus ihrem 24-Stunden-Job herausgeholt wurden. Später hat sie *Frau und Mutter* abonniert, die größte katholische Frauenzeitschrift, herausgegeben seit 1957 vom Zentralverband der katholischen Frauen- und Müttergemeinschaften, der sich 1968 in Katholische Frauengemeinschaft Deutschlands umbenannte.

Schriftliche und mündliche Informationen baute meine Mutter vor dem Hintergrund ihrer religiösen Erziehung und persönlichen Gotteserfahrung zu einem Glaubensgerüst zusammen, das sie immer wieder renovierte. Mehr und mehr machte sie dieses Wissen produktiv für andere. Für Kindergottesdienste, Kommunion- und Firmunterricht begann sie, Material auszuwählen, eigene Überzeugungen zu formulieren. Unser Schreibtisch, bis in die 1960er-Jahre der Ort des Milchkontrolleurs und der Melk- und Stallbücher meines Vaters, wurde zu ihrem Ort des Formulierens von Botschaften an Landfrauen und Kinder. Das geschah ganz selbstbewusst. Weil die persönliche Gottesbegegnung im Zentrum stand, verlor die kirchliche Hierarchie an Bedeutung. Natürlich gab es Papst, Bischöfe und die Kleriker am Ort. Aber die, so folgerte meine Mutter aus den Gesprächen im Franz Hitze Haus und anderen Fortbildungen, konnten ihr ja nicht vorschreiben, was und wie sie mit ihrem Gott und der Jungfrau Maria zu reden hatte.

Meine Geschwister und ich nehmen an, dass unser Vater die ständigen Veränderungen im Denken und Handeln seiner Frau positiv aufnahm. An einschlägige Äußerungen können wir uns zwar alle nicht erinnern. Aber Reden war auch nicht Vaters Stärke. Wahrscheinlich ist ihm schon bald nach Beginn der Ehe aufgefallen, dass seine zwölf Jahre jüngere Frau keine Gehilfin oder Juniorpartnerin war, sondern eine höchst eigenständige Person. Er konnte das aushalten, weil er stolz auf seine Frau war. Sie war jung, schön, arbeitsam, freundlich und intellektuell anscheinend nicht nur ihm, sondern auch den meisten seiner Freunde und deren Frauen überlegen. Das fand er gut. Im Arbeitsalltag einigten sich die beiden auf strikte Trennung der Zuständigkeitsbereiche. Jeder entschied in seinem Feld allein. Jenseits des Hofes war Vaters Bühne die Züchterwelt, Mutters die Kirchengemeinde. Auch als seine Welt verging, neidete er seiner Frau die ihre nicht. Wir erinnern uns an seinen Gesichtsausdruck, wenn Mutter bei Veranstaltungen der Gemeinde auftrat, wenn sie in Ämter gewählt und wiedergewählt wurde. Dann freute er sich. Ihren Wandel in Sachen Religiosität und Engagement hat er allerdings nicht nachvollzogen. Die beiden diskutierten wohl nicht über religiöse Fragen. Wahrscheinlich diskutierten sie überhaupt nie über weltanschauliche und politische Dinge, jenseits unmittelbar praktischer Probleme, die gelöst werden mussten. Kurz bevor er starb, dachte Vater darüber nach, ob es nicht schön wäre, wenn bei seiner Beerdigung Männer und Frauen wieder getrennt voneinander im Kirchenschiff sitzen würden. Nach dem Tod meiner Mutter nahm er Zuflucht zu Gebeten und Frömmigkeitsformen seiner Kindheit.

Für uns Kinder war Mutters Wandel ein Glück. «Ich hab eine sehr junge und kreative Mutter gehabt. Sie hat mich auch in allem gefördert, was ich wollte», sagt meine älteste Schwester Mechthild. Beeindruckend ist, dass es dabei nicht blieb. Mutter wollte den Wandel gedanklich mitvollziehen, der sich rund um sie vollzog. Das gelang nur so halb, wie das Kartoffelgedicht zeigt. Aber es gelang eben auch immerhin halb. Vor allem die mittleren Kinder erinnern sich an lebhafte Diskussionen über religiöse und moralische Fragen. Vater, sagt Gregor, habe keinen Zugang mehr zu seiner Lebenswelt gefunden. «Er war da nicht präsent.» Mutter dagegen, sagt Paul, «hat immer versucht, jeden zu verstehen, sie hat versucht, sich in die Situation des anderen hineinzuversetzen. Das war dann immer ein weitergehender Prozess.»

Sichtbar wird hier auch ein neues Frauenideal auf den Höfen insgesamt. Frauen sollten, hieß es nun, von Arbeit im Hof und im Garten entlastet werden, um sich um ihre Familie zu kümmern.[24] Kinder galten nicht mehr nur als Investition in die Zukunft, die in der Gegenwart möglichst wenig Arbeit machen sollten, sondern als Objekt ständiger Fürsorge, ja Liebe. In den späten 1950er-Jahren fanden sich im Landwirtschaftlichen Wochenblatt vereinzelt noch Ratschläge wie dieser: «In der Frühzeit der Entwicklung bis zum ersten Geburtstag sollte das Kleinkind so wenig beachtet werden wie eben möglich. ... Je länger ein Säugling in seinem Bettchen sich selbst überlassen bleibt, um so ruhiger ist er als Kleinkind.»[25] In den 1960ern wurde dagegen Zuwendung empfohlen, auch wenn sie zeitintensiv war.

Erst in den Interviews mit meinen jüngsten Geschwistern wird eine wieder wachsende Entfremdung zwischen Mutter und Kindern deutlich. Nicht, dass sie weniger Zeit gehabt hätte. Aber als Martina ein Teenager wurde, war Mutter bereits über sechzig. Auch wenn sie sich weiter Mühe gab, für Martina war sie nun alt, beinahe so, wie Vater alt war. Sie habe aufgegeben, mit den beiden zu streiten, «weil ich das

Gefühl hatte, du hast kein passendes Gegenüber, also die verstehen das einfach nicht, das brauchst du gar nicht versuchen, mit denen kannst du darüber nicht reden, weil die überhaupt nicht diesen Hintergrund haben». Auch Matthias und ich haben versucht, Probleme an Mutter vorbei zu lösen, weil wir sie nicht mehr in der Weise als Zeitgenossin wahrgenommen haben, wie unsere älteren Geschwister das konnten.

## Anpassen

«Ich weiß», erinnert sich Katharina, «dass zwei, drei Mitschülerinnen besonders rochen in der Schule. Und dann wusste ich, die kommen vom Bauernhof. Da hab ich immer gedacht, hoffentlich riech ich nicht so.» Anna erinnert sich, «dass irgendjemand in der Schule mal gesagt hat, du stinkst. Das hat mich vollkommen schockiert. Und ich weiß, dass ich danach immer ganz schnell gelaufen bin bis zum Fahrradraum und dann raus» – in der Hoffnung, dass ihr der Geruch von Tieren und Silage nicht anhaften würde, wenn sie nur schnell genug die Tenne überquerte.

Vier meiner Geschwister sprechen in ihren Interviews über Gerüche. Wilhelm erwähnt eher nebenher den Gestank des Schweineverladens. Paul wusste, dass vor allem im Winter, wenn Silage auf der Tenne lag, alle stanken, und andere das auch bemerkten. Er konnte das aber nicht ändern und nahm es daher hin. Für Katharina (Jg. 1954) und Anna (Jg. 1961) waren Gerüche ein Problem, und sie waren damit nicht allein. Zu viel Schweiß und der damit verbundene Körpergeruch könnten unangenehm sein, informierte das Landwirtschaftliche Wochenblatt Mitte der 1960er-Jahre. Zur Abhilfe wurden nicht Sprints empfohlen, die Anna in ihrer kindlichen Verzweiflung erprobte. Körperpflege mit Wasser und Seife seien wichtig, ebenso «das tägliche Brause- oder Wannenbad. ... Die Grundlage jeder Bekämpfung von unangenehmen Körpergerüchen bleibt die persönliche Hygiene.»[26] Erst danach könnten auch «Deodorantien» zum Einsatz kommen.

Von diesen Hygienestandards waren wir in den 1960ern weit entfernt. Vor allem die Schwestern bemerkten, dass Gerüche darüber entschieden, wer dazugehörte und wer nicht. Und es waren die Bauern, die nicht dazugehörten. Die Jungen bemerkten andere kleine Differenzen mit großen Folgen. Gregor wurde von einem Lehrer in der Realschule immer wieder aufgefordert, die Namen der Kühe in unserem Stall aufzusagen: Rivale, Rebe, Rekta, Rentei, Waldlust, Ria, Rebekka, Wespe, Reda, Oktavia, Ruine und Werse.[27] Die Namen dachte sich mein Vater aus, im Rahmen einer Systematik, bei der etwa der erste Buchstabe eine Vererbungslinie anzeigte. Davon verstand der Lehrer nichts. Er hielt die Namen für eine von vielen bäuerlichen Absonderlichkeiten. «Das war beim ersten Mal noch witzig. Aber danach nicht mehr. Wenn du in Coesfeld zur Schule gehst, da sind die meisten Bauern nicht mehr in der Klasse», sagt Gregor. Die im Dorf, sagt Katharina, die «hatten es besser. Die mussten ja nicht so viel arbeiten. Die brauchten nicht so weite Wege machen. Und die konnten sich immer nachmittags mal treffen. Wenn wir mal ins Schwimmbad gingen, dann war ja auch Weihnachten und Ostern zusammen. Das war schon relativ selten. Außerdem konnten wir alle nicht schwimmen.» Die im Dorf bestimmten die Regeln. Die Bauernkinder mussten lernen, nach den Maßstäben des Dorfes zu leben, wenn sie dazugehören wollten. Welch ein Unterschied zu der Welt, in der meine ältesten vier Geschwister ihre Kindheit verbracht haben. Für sie hatten die Leute aus dem Dorf nicht gezählt. Die bäuerliche Gesellschaft war sich selbst genug gewesen.

Mechthild und Katharina sind Übergangsfiguren zwischen selbstsicherer Bauernwelt und einzelnen Kindern, die sich jenseits der heimischen Logiken im Dorf zurechtfinden mussten. Mechthild fand die Menschen aus Siedlung und Dorf schon interessant, machte aber ihren Weg aus dem Orbit des Hofes heraus noch über die Landjugend, deren Angestellte sie ja in Vechta wurde. Katharina ist die Letzte der Geschwister, die noch in der Landjugend aktiv war und an einem der Vortragswettbewerbe teilnahm, in denen ihre ältere Schwester geglänzt hatte. Aber sie geriet schon in eine trotzige Verteidigungshaltung: «Ich hab' mich wohl auch oft gerechtfertigt und ich war stolz drauf, dass wir alle zur Schule gingen. Und dass ich große Geschwister hatte, die schon das und das erreicht hatten, in Anführungszeichen. Und dass es Geschwister gab, die dann zur Realschule gingen oder die zum Gymnasium gingen und so, weil einige sagten: die dummen Bauern.»

In den Interviews von Gregor und Paul, den nächstjüngeren Brüdern von Katharina, spielt die selbstbewusste oder trotzige Rechtfertigung, ein Bauernkind zu sein, schon wieder keine Rolle mehr. Die beiden arbeiteten auf dem Hof mit, manchmal auch gern, aber in ihren Interviews erinnern sie sich an keine Identifikation mit dem Bauernhof und keinen Stolz auf die Erfolge des Vaters. Die Urkunden und Preise, die auch sie natürlich in der Diele und im Wohnzimmer sahen, waren von gestern. Stolz waren sie auf ihre selbständige Arbeit im Schweinestall. Anders als Hermann und Wilhelm glaubten sie aber nicht mehr, an einer Erfolgsgeschichte mitzuarbeiten. Paul hält den Hof in der zweiten Hälfte der 1960er-Jahre für unmodern, nicht mehr dem Stand der Technik entsprechend. Symbolisch kommt das für ihn in unserem Holzhaus zum Ausdruck. Es beherbergte eine museal anmutende Werkstatt, die «ein Sammelsurium von Ersatzteilen» und Altmaterialien enthielt. Es wurde kreativ für Reparaturen genutzt, die kurzfristig halfen. Das meiste, was so eine neue Verwendung fand, war «nicht ursprünglich für diese Aufgabe oder für diesen Zweck gedacht. Sehr viel Improvisation.»

In den Aussagen meiner nächstälteren Geschwister schieben sich verschiedene Motive ineinander. Auf der einen Seite ist da die Situation unseres Hofes in den späten 1960er-Jahren. Auf den meisten Höfen wurde die große Entscheidung über die zukünftige Richtung des Hofes anlässlich des Generationswechsels getroffen. Viele kleinere Betriebe gingen beim Generationswechsel zum Nebenerwerb über oder stellten die Landwirtschaft ganz ein. Industrie, Handwerk, Dienstleistungsbetriebe und die öffentliche Hand boten im Wirtschaftswunder attraktive Arbeitsplätze mit sicherem Einkommen und geregelten Arbeitszeiten. Bis in die 60er-Jahre profitierten Betriebe unserer Größenordnung von dieser Entwicklung, weil sie Land pachten oder kaufen und somit wachsen konnten. Vater tat das nicht mehr. Denn die große Entscheidung und der Generationswechsel standen nun auch bei uns an. Agrarwissenschaftler hatten in den

1950er-Jahren noch einmal das aus dem 19. Jahrhundert stammende Ideal des «ganzen Landwirts»[28] propagiert, der mit seiner Familie den Acker bewirtschaftete und das unternehmerische Risiko durch einen Mix aus mehreren Nutztierarten streute. Das war die Welt meines Vaters gewesen. Doch seit Mitte der 1960er-Jahre wurde zunehmend aggressiver der «Einmannbetrieb»[29] als Ziel der Veränderung propagiert. Das Zeitalter «des zoologischen Gartens auf dem Bauernhof»[30] sei zu beenden. Wann aber würde mein ältester Bruder den Hof übernehmen? Und was würde er dann tun? Vorerst waren wir vom Einmannbetrieb weit entfernt. Meine Geschwister sicherten den Hof durch vieler Hände Arbeit, mit wahrscheinlich allmählich abnehmendem Ertrag. Die Stimmung wechselte von Aufbruch zu Durchhalten.

Auf der anderen Seite ist da die Verkehrung der Verhältnisse zwischen den Bauern und den anderen. Eine ganze Reihe von Untersuchungen zeigt, dass das Ansehen der Bauern in den Dörfern der Nachkriegszeit rapide zurückging. Befragte in einer Eifelregion 50 Kilometer südlich von Köln rechneten schon Mitte der 1950er-Jahre nicht mehr die Bauern zu den Berufen mit dem größten Prestige. Stattdessen: Arzt, Regierungsrat, Fabrikbesitzer, Apotheker, Oberlehrer.[31] In kleinbäuerlichen Gegenden rangierten gelernte Arbeiter ansehensmäßig vor den Bauern. Zu Beginn der 1970er-Jahre gab es nur noch geringe Prestigeunterschiede zwischen Landwirten unter 20 Hektar und angelernten, teilweise auch ungelernten Arbeitnehmern.[32] Schließlich hatten sich Löhne und Gehälter in den 1950er- und 1960er-Jahren nominell mehr als vervierfacht.[33] Wer auf der Horst aus der Rolle des Kötters ausstieg, der zur Unterschicht der ländlichen Gesellschaft gehört hatte, konnte als Arbeitnehmer so viel

Geld verdienen, dass er und vor allem seine heranwachsenden Kinder nicht schlechter gestellt waren als diejenigen, die in der bäuerlichen Wirtschaft verblieben waren. Ende der 1960er-Jahre kippten in westfälischen Dörfern die politischen Machtverhältnisse. Kommunale Spitzenämter wurden nicht mehr an Bauern vergeben. In den Gemeinderäten drängten Angehörige des neuen Mittelstandes die Bauern in den Hintergrund.[34]

All das erlebten meine nächstälteren Geschwister im Alltag. Das Selbstverständnis meines Vaters und in anderer Weise auch meiner Mutter, führend zu sein und die Regeln des Alltags zu bestimmen, passte nicht zu dem, was in ihren Lebenswelten, in Schule, Schulbus oder in der Freizeit, vor sich ging. Denn Freizeit gab es jetzt auch. Nicht viel, aber immerhin: Katharina durfte an einem Nachmittag oder Abend, ganz sicher ist sie nicht, zum Sportverein, «wo wir Völkerball gespielt haben und so andere allgemeine Spiele in der kleinen Turnhalle». Gregor und Paul spielten Faustball. Fußball wurde ab dem neunten Lebensjahr mein Sport, ohne jeden Widerstand seitens meiner Eltern. Die Angst vor allem meines Vaters vor schlechter Gesellschaft im Dorf schien sich erledigt zu haben. Meine Schwester Anna war zunächst bei der Leichtathletik, dann beim Volleyball. In den 1960er-Jahren sei «der Abstand der Landjugendlichen zur übrigen Jugend hinsichtlich der Sportaktivität weitgehend aufgeholt worden»,[35] stellte die Agrarsoziologie fest.

Aufholen ist anstrengend. Wo auch immer wir hinzukamen, fühlten wir uns ein wenig fremd und minderbemittelt. Dass Bauernkinder die Normen der anderen erlernen mussten,[36] war ein Teil des Problems. Dass Geld knapp war und nicht alle Wünsche erfüllt werden konnten, ein anderes. Anna hatte bei ihren ersten Leichtathletikauftritten keine Schuhe. Gewohnheitsmäßig war sie zu Hause darauf verwiesen worden, im Mantelstock nachzusehen. Das war eine Art große Garderobe, wo alle Kleidung gesammelt wurde, die aktuell niemand brauchte. Schuhe waren da auch, insofern war der Tipp nicht falsch. Aber sie hätte Sportschuhe gebraucht, und zwar annähernd in der richtigen Größe. Die gab es nicht. Also lief sie barfuß. Sie sei sehr schnell gewesen, erinnert sie sich, kein Wunder, «wenn man auf diesen roten kleinen Steinchen laufen muss. Da war ich eigentlich immer die Schnellste und da haben die anderen gefragt: ‹Warum hast du keine Schuhe?›, und dann hab' ich gesagt, weil ich viel schneller laufen kann, wenn ich ohne laufe. Aber dann zu den Kreismeisterschaften hatte ich Schuhe, die müssen von einem Älteren irgendwie gekommen sein.»

Das sind typische Erzählmuster in den Interviews: Die rückblickende Ironisierung des Mangels und das Staunen über teils kreative selbsterfundene Geschichten, die für die Freundinnen und Freunde den Mangel wegerklärten. Ich erinnere mich, mit einer Fußballmannschaft in eine Jugendherberge gefahren zu sein. Unsere Mannschaft legte den Weg mit dem Fahrrad zurück. Das war das erste Problem. Weil wir Fahrräder benötigten, der Kauf von Fahrrädern für alle aber kaum möglich war, hatte unser Vater begonnen, bei Fundsachenversteigerungen Fahrräder aufzukaufen. Vor allem Gregor erwarb sich Ansehen in der Familie, weil er aus den vielen bemitleidenswerten Exemplaren, die Vater mitbrachte, brauchbare Räder zusammenbauen konnte. Die sahen ungewöhnlich aus, fuhren aber.

Im Vergleich zu den Rädern meiner Mannschaftskameraden war meines dennoch wenig präsentabel. Zu allem Überfluss wurden wir von der Polizei angehalten, mein Rad erwies sich als nicht verkehrstauglich. Ich durfte am Ende mit den anderen weiterradeln, weil die Polizisten sich sehr beeindruckt zeigten, dass ich überhaupt so weit gekommen war. In der Jugendherberge reichte mein Taschengeld nicht einmal für den Cola-Automaten. Ich erklärte, keine Cola zu mögen, und glaubte zunächst, damit durchgekommen zu sein. Dann drückte mir mein Trainer ein Zweimarkstück in die Hand. Ein anderer Betreuer schenkte mir ein Portemonnaie. Ich war dankbar, aber auch überfordert. Das Portemonnaie hatte ich nach einem Tag schon wieder verloren.

Taschengeld war in Deutschland eine Errungenschaft der 1960er-Jahre. Zuvor hatten Kinder Geld vor allem als Entlohnung für außerhäusliche Arbeit erhalten und davon noch einen Teil als Beitrag zum Familienbudget abtreten müssen. Wir arbeiteten nicht auswärts, sondern zu Hause. Dafür gab es keine Entlohnung. Was vorkam, waren Einmalzahlungen für besondere Leistungen: Katharina erhielt 50 DM für die Mithilfe beim Desinfizieren des Schweinehauses nach einem Ausbruch der Maul- und Klauenseuche. Paul bekam am Ende der Sommerferien 50 DM, weil er Holz für den gesamten Winter gespalten hatte. Im Übrigen fragten meine ältesten Geschwister, wenn sie Geld brauchten. Das ist Kaspar nicht ungewöhnlich vorgekommen: «Wenn ich was haben wollte, hab ich was gekriegt. Aber auch das kann ich dir nicht genau sagen. Ich hab auch nicht darunter gelitten.» Bei Mechthild begann die Empfindung des Mangels: «Wir hatten ja nie Taschengeld.» Auch Katharina (Jg. 1954) musste noch anlassbezogen um Geld bitten. «Ich hatte ja kein richtiges Taschengeld. Aber das ist mir erst aufgefallen, als ich hinterher nach Münster zu 'ner Schule ging, nachdem ich die Hauptschule verlassen hatte.» Paul (Jg. 1958) hingegen geht von regelmäßigem Taschengeld aus.

Das Landwirtschaftliche Wochenblatt stellte 1958 fest: «Ein regelmäßiges Taschengeld geben die wenigsten Eltern ihren Kindern.»[37] 1972 erhielten dann 70 Prozent der Kinder in Deutschland regelmäßig Taschengeld, 24 Prozent unregelmäßig und nur 6 Prozent gar nicht.[38] 1997 gaben 80 Prozent der Eltern in Deutschland ihren Kindern Taschengeld.[39] Die Norm war gesetzt. Unsere Eltern folgten der schnellen Durchsetzung des Taschengeldes in den 1960er-Jahren mit ein wenig Zeitverzögerung. Das erklärt die Erfahrung des Fehlens von Geld bei Mechthild und Katharina. Das Problem der jüngeren Geschwister war die geringe Höhe des Betrags. Er blieb hinter dem zurück, was wir als Normalmaß in unserem Umfeld wahrnahmen. Frühe Erfahrung mit Geld, hatte das Wochenblatt 1958 argumentiert, könne Kinder auf das Problem der Knappheit und die dann notwendigen Auswahlentscheidungen vorbereiten. Das gelang in unserem Fall vorbildlich. Nur schien es uns, als diene das Taschengeld unserer Freundinnen und Freunde bereits anderen Zwecken.

Mehrere Geschwister erinnern sich unangenehm an die ersten Tage nach den Weihnachtsferien. Geschenke waren ein schwieriges Thema. Natürlich hatten wir Geschenke bekommen, und wir konnten spüren, dass Mutter sich viele Gedanken gemacht und für jede und jeden etwas Passendes gefunden hatte. Aber ebenso selbstverständlich waren die Mittel begrenzt, und die Zahl der zu Beschenkenden war groß. Mutter fand Lösungen: Geschenke für mehrere etwa oder Konzentration der Mittel auf ein oder zwei größere Anschaffungen für wenige Glückliche, während in Hintergrundgesprächen geklärt wurde, dass beim nächsten Mal die anderen an der Reihe sein würden. Wir wussten das, verstanden das auch und hatten den Eindruck, dass es insgesamt gerecht zuging. Aber es war eine ganz andere Sache, nach den Ferien auf dem Pausenhof stehen und einen Pullover, Handschuhe oder ein Etui als großes Geschenk darstellen zu müssen. «Nach Weihnachten wieder in die Schule zu gehen, wenn dann eine Erzählrunde kam, das war nicht schön, davor hab ich immer Angst gehabt», erinnert sich Katharina. Anna behauptet, etwas hinzuerfunden zu haben. Die meisten anderen werden versucht haben, solchen Gesprächen aus dem Weg zu gehen.

Nach den Sommerferien traten die Schwierigkeiten erneut auf. Wir machten keinen Urlaub, teils wegen der Tiere, die durchgängig versorgt werden mussten, teils weil das Geld fehlte. Ersatzweise wurden Kinder in der Verwandtschaft ausgetauscht. Sie hatten ebenfalls Schwierigkeiten, ihren Kindern «Urlaub» zu bieten. Das war Mitschülern nicht leicht zu vermitteln, die seit dem Tourismus-Boom der 1960er-Jahre Urlaub in Form einer familiären Fernreise als Norm betrachteten. Andererseits schuf unsere besondere Urlaubserfahrung Familiensolidarität. In vielen Interviews spielen die Erfahrungen eine Rolle, die meine Geschwister beim Mitleben in anderen Bauernfamilien machten. War es besser als bei uns? Anders? Was genau machte unsere Familie aus? Meine jüngsten Geschwister fuhren nicht mehr zu Tanten und Onkeln, sondern zu den ältesten Brüdern und Schwestern, die mittlerweile eigene Haushalte mit eigenen Kindern hatten.

Die jüngsten vier Kinder kamen ein paar Jahre lang zu einem ganz besonderen Urlaubserlebnis. Ein Pastor des Nachbarortes, der aus dem gleichen Dorf stammte wie meine Mutter, verbrachte seinen Urlaub in Österreich. Er vertrat dort einen Pfarrer, der seinerseits im Urlaub einen Pfarrer vertrat usw. Weil die Haushälterinnen die Gelegenheit nutzten, um ebenfalls Urlaub zu machen, der Pfarrer aber nicht verhungern durfte, begleitete meine Mutter ihre Jugendbekanntschaft nach Österreich. Sie bekochte ihn, wusch seine Wäsche und durfte im Gegenzug einige Kinder mitnehmen. Wir lebten dann zwei oder drei Wochen in einem Tiroler Pfarrhaus. Der Pfarrer mit seinen Eigenheiten war für uns ein wenig speziell. Aber der Urlaub selbst «hat immer echt Spaß gemacht», erinnert sich Martina. «Das waren tolle Wochen, weil da eben auch wirklich keine Arbeit war. Man konnte machen, was man wollte. Und dann konnte man auch Karten schreiben an Freunde.» Ich selbst bin allerdings nur zweimal mitgefahren. Ich fand dann Zeltlager und Wanderfahrten der katholischen Jugend spannender.

Ein Urlaubserlebnis teilen alle Geschwister. Wir fuhren an einem Nachmittag in den Sommerferien zum Bagno nach Burgsteinfurt. Möglicherweise hatte Mutter das Ziel ausgewählt, weil sie es während ihrer Ausbildungszeit im Haus Loreto und bei Budde-Severing als Ort der Erholung wahrgenommen hatte. Mechthild wird bei dieser Erinnerung emotional: «Glück war, dass wir in den Ferien uns darauf verlassen konnten, dass Mutter sich einen Tag Zeit genommen hat und mit vier Kindern vielleicht oder fünf im Auto, da kam es nicht auf ein Kind an. Dass wir zum Bagno gefahren sind, und dort mieteten wir ein Ruderboot oder ein Tretboot, manchmal auch zwei. Und stiegen auf dieses Boot und konnten dann entweder treten oder eben rudern, was ja nicht sofort gelang und sehr kippelig war und zu vielen Aufschreien geführt hat, aber doch ein großes Vergnügen war, und wir sind auch jedes Mal trockenen Fußes aus diesen Booten wieder ausgestiegen. Und wir hatten dann ein Picknick auf verschiedenen Bänken, weil es ja auf eine Bank nicht alles gepasst hat, was wir dabei hatten, und das war der Tag in den Sommerferien, nachdem man ganz viel bei der Ernte geholfen hatte oder beim Kuchen backen für die Erntehelfer, die auf den Feldern waren. Dieser freie Tag, der war eigentlich immer inkludiert.» Anna, elf Jahre jünger, ist weniger euphorisch: «Ansonsten war Urlaub in den Sommerferien einmal am Nachmittag zum Bagno fahren.» Mehr sagt sie nicht.

Zwischen beiden Stimmen liegt eine Revolution der Erwartungen. Wahrscheinlich ist Anna im besseren Auto gefahren, hat das opulentere Picknick genossen und mehr Platz im Boot gehabt. Aber sie hat es nicht bemerkt, weil sie, wie wir alle, weniger an den Geschichten der älteren Geschwister interessiert war als an dem Leben der Menschen um sie herum. Während Mechthild, sich mit ihren Bauernfreundinnen vergleichend, Mutters Bemühen um einen sorgenfreien Nachmittag wertschätzte, hielt Anna, mit Urlaubserzählungen ihrer Klassenkameradinnen aus dem Dorf konfrontiert, den Bagno-Ausflug für armselig und versuchte ihn zu verschweigen. Ob Mutter aufgefallen ist, dass der jedes Jahr gleiche Ausflug auf unterschiedliche Resonanz stieß? Mechthild jedenfalls hat Urlaub herbeigesehnt, als sie sich aus der Landwirtschaft löste: «Ich habe von meinem ersten Geld, das ich verdient habe, Katharina eingeladen zu Ferien in Altenau im Harz. Da bin ich mit Katharina nach Altenau gefahren, hab eine Wohnung gemietet und dann haben wir dort Wanderungen gemacht.» Außerdem kaufte sie einen Fotoapparat, um das neue Leben festzuhalten. Möglicherweise ist es dieser Apparat, mit dem das verunglückte dritte Familienbild aufgenommen wurde.

Ähnlich schnelle Normveränderungen wie beim Urlaub gab es bei der Kleidung. Von Kaspar bis Martina trugen wir alle die Hosen, Hemden und Pullover älterer Geschwister auf. Aber wer später in der Geschwisterreihe angesiedelt war, traf auf mehr und mehr Mitschüler und Freunde, die aus kleineren und mit Geld ausgestatteten Familien kamen. Sie trugen neue, modische Kleidung. Sie wechselten Kleidung aus, wenn sie kaputt war, und flickten sie nicht mehr. Details begannen wichtiger zu werden. Wir hatten eine Knopfschublade. Fehlte ein Knopf an einem Kleidungsstück, wurde er durch ein größenmäßig passendes Stück aus der Schublade ersetzt. Je später desto mehr bürgerte sich aber in unserem Umfeld die Regel ein, dass Knöpfe nicht nur passen, sondern zusammenpassen mussten. Damit konnten wir nicht immer dienen.

Wie bei den Gerüchen reagieren auch bei den Geldfragen die Mädchen besonders sensibel. Von Katharina bis zu Martina, der Jüngsten, thematisieren sie verletzende Unterschiede. Kann ich mit der Kleidung, die mir zur Verfügung steht, an einem Fest teilnehmen? Oder ist es nicht besser, gleich zu Hause zu bleiben? Die Jungen kennen das Problem auch. Aber ihr Erzählton ist moderater: Natürlich habe er bemerkt, sagt Paul, «dass wir taschengeldmäßig im Vergleich zu allen anderen Mitschülern relativ knapp, sehr knapp bemessen waren. Dass andere sich halt nach der

Schule irgendetwas kaufen konnten, und dazu reichte das wirklich vorne und hinten nicht. Das ... war nicht schön.» Der Mangel war da, aber er wirkte für ihn nicht ausgrenzend. Schlimmer war für meine älteren Brüder der Ausschluss vom Fußball, der bis zu mir galt, ohne dass ich sagen könnte, warum der Boykott gerade jetzt aufgehoben wurde. Gregor erinnert sich, mit zehn oder elf Jungen aus dem Dorf gemeinsam mit dem Bus zur Realschule nach Coesfeld gefahren zu sein. «Ich hab' zu denen überhaupt so gut wie keinen Kontakt gehabt. Ich glaube, es hat ein bisschen damit zu tun, weil die eine Welt für sich hatten, die haben über Fußball gesprochen und über das, was im Dorf gerade anlag. Da konnte ich gar nicht mitreden. Da war man außen vor. Ich bin mit denen sechs Jahre zur Schule gegangen, ohne dass ich überhaupt zu denen, mit denen ich jeden Tag gefahren bin, näheren Kontakt hatte.» Bei mir war es einige Jahre später umgekehrt. Ich fuhr zum Gymnasium, was in den mittleren 1970er-Jahren noch nicht viele aus dem Dorf taten. Die Fußballer, mit denen ich zu tun hatte, waren auf anderen Schulen und fuhren mit anderen Bussen.

## Entwerfen

Im Dorf erfuhren wir nicht nur, dass wir anders waren. Wir lernten auch, dass wir dort Dinge tun konnten, die Zuhause nicht möglich waren. Den Raum, den Mechthild sich in der Landjugend erobert hatte, fanden die Jüngeren im Sportverein und in der Kirchengemeinde. «Ich war richtig gierig danach, sowas zu machen», hat Mechthild gesagt. Wenn ich auf die Interviews und Lebensläufe der Geschwister ab Gregor (Jg. 1956) schaue, kommt es mir so vor, als gelte das für die jüngeren ebenso. Nur ging es nicht mehr um die Landjugend. Wir fanden im Sportverein und in der kirchlichen Jugendarbeit Räume, die wir in der Gemeinschaft der Arbeitenden Zuhause vermisst hatten. Wir hätten das damals wahrscheinlich nicht so sagen können. Aber wir handelten so. Als die Arbeit auf dem Hof allmählich weniger wurde, nutzten wir die im Dorf gebotenen Räume, um uns auszuprobieren, uns jenseits von Landarbeit neu zu entwerfen, um wir selbst zu werden. Manchmal schufen wir die Räume auch selbst: «Jugendheim, Getränkemarkt und daneben die Pommesbude. Das magische Dreieck, wo sich sehr viel in der Woche abgespielt hat», sagt Gregor.

Unsere Voraussetzungen für eine aktive Rolle im Dorf waren besser, als wir ahnten. Wir hatten uns seit frühester Kindheit ständig in Gruppen bewegt. Wir konnten Gefahren erahnen, hatten gute Nerven, konnten vermitteln und für die Gruppe handeln, ohne den eigenen Vorteil aus dem Auge zu verlieren. Ein Detail, das diesen Erfahrungsschatz zeigt, ist unser Backofen. Er kommt in vielen Interviews vor. Vater und Mutter aßen um 12 Uhr. Weil nur meine jüngsten beiden Geschwister in den Kindergarten gingen, saßen lange Zeit immer zwei oder drei Kleinkinder mit am Tisch. Bis zu sechs Schulkinder aber trudelten später und nach und nach ein, die letzten gegen 14.30 Uhr. Für sie wurde Essen in den Backofen gestellt und permanent auf 50° warmgehalten. Jeder, der nach Haus kam, checkte die Lage. Wie gut war das Essen? Wie viele würden noch kommen? Wenn's gut schmeckte, nahm jeder von uns wahrscheinlich etwas mehr, als gerecht gewesen wäre, aber nicht so viel, dass es auffiel und die Versorgung des Letzten in Gefahr geriet. War das Essen schlecht, stieg die Großzügigkeit.

Für eine Familienfeier habe ich vor Jahrzehnten eine Kurzgeschichte «Fisch in Tomatensauce» verfasst. Es gab davon zum Abendessen eine Dose, was für acht oder zehn Personen nicht viel ist. Alle würden etwas bekommen, das wussten wir. Aber das Verhältnis von Fisch und Sauce würde sich ungünstig entwickeln. Es galt, einer der ersten an der Dose zu sein. Dabei mussten aber Regeln beachtet werden. Das Tischgebet musste mit Andacht gesprochen werden. Brot und Butter wurden ohne Hast herumgereicht. Die Richtung konnte wechseln, es durfte aber niemand übergangen werden. Erst nach dem Schmieren des Brotes konnte Fisch verlangt werden, der ebenfalls vom Ausgangspunkt aus herumgereicht wurde. Das Decken des Tisches und die Wahl des Platzes bestimmten die eigenen Chancen. Aber mit ein wenig Geschick und Regelbrüchen unterhalb der Aufmerksamkeitsschwelle konnte die eigene Position verbessert werden. Beschwerden und Betroffenheit konnten auch helfen, bargen aber Gefahren. Schnell konnte die unklare Grenze zur Wehleidigkeit überschritten werden. Das wäre desaströs gewesen. Jammern half nicht.

Die Geschichte ist natürlich übertrieben, wie so oft, wenn eine Geschichte immer wieder erzählt wird. Richtig ist aber, dass wir innerhalb von ungeschriebenen Regelwerken und informellen Hierarchien gut zurechtkamen. Fast alle Geschwister haben auf meine Frage, ob sie einen Lieblingsort zum Alleinsein hatten, mit «nein» geantwortet. «Wüsste ich jetzt nicht, dass ich das vermisst hab», sagt Gregor. Schwierig war, sagt Katharina, «immer alles teilen zu müssen mit so vielen. Wenige Sachen wirklich für sich ganz alleine zu haben». Aber das Leben in der Gruppe ist in keinem der Interviews ein Problem.

Gregor und Paul wurden zu Pionieren der Messdienergemeinschaft. Auch unter den älteren Brüdern hatte es natürlich Messdiener gegeben. Hermann erinnert sich an Messdienerstunden, die vor allem der Ausbildung dienten. Laufwege und Gongschläge mussten eingeübt, lateinische Gebete auswendig gelernt werden. Übersetzungen gab es nicht. Latein war eine heilige Sprache. Danach sei er vierzehntägig morgens um sieben zu einer der drei parallel stattfindenden Messen in der Nottulner Pfarrkirche als Messdiener eingeteilt worden. Am Mittelaltar wurde laut gebetet und gesungen, so dass die Gemeinde teilnehmen konnte. An den Seitenaltären rechts und links erfüllten andere Geistliche still ihre tägliche Messverpflichtung. Auch die Messdiener beteten still. Zwei Pantomimen und eine Theateraufführung gleichzeitig in einem Kirchenraum. Messdiener blieb Hermann bis zum Ende der Volksschulzeit. Dann hörte der Dienst auf.

Gregor und Paul haben auch noch lateinische Gebete gelernt. Dann aber griffen die Reformen des Zweiten Vatikanischen Konzils auch in Nottuln. Deutsch als Gebetssprache setzte sich durch. Stille Messen verschwanden. Das Ritual sollte gedanklich mitvollzogen werden können. Ein junger Kaplan formte aus den bisherigen Einzeldienern eine Gruppe. Messdienerstunden wurden über die Ausbildungszeit hinaus beibehalten. Die Leitung lag nicht mehr bei einem Geistlichen, sondern bei älteren Messdienern. Sie konnten nun auch über die Volksschulzeit hinaus aktiv bleiben. Im

Gottesdienst übernahmen sie herausgehobene Funktionen: Sie schwenkten den Weihrauch und trugen bei Prozessionen das Kreuz. Eine Leiterrunde wurde gebildet. Freizeiten, Zeltlager, Jugendherbergsaufenthalte wurden geplant. Ein katholisches Jugendheim wurde gebaut. Aufbruchsstimmung machte sich breit. «Manchmal ist sowas ja auch Glücksache», sagt Gregor, «dass man genau zu so einem Zeitpunkt einsteigt. Wir haben ja dann auch relativ schnell Fahrten gemacht. Wir sind, da waren wir 17 oder so, nach Italien, nach Venedig gefahren, mal 14 Tage. Man wurde auch selbstbewusster dadurch. Dann kam die erste Disco ins Jugendheim, dann ging es weiter über Jugendmessen, da hat sich ganz viel getan in der Zeit.»

Gregor hat wie die jüngeren Geschwister nicht im Blick, dass diese Erfolgsgeschichte parallel zu den abstürzenden Gottesdienstbesucherzahlen stattfand, von denen schon die Rede war. Gingen 1967 noch um die 50 Prozent der Katholiken im Bistum Münster sonntags zur Kirche, so waren es fünf Jahre später nur noch 40 Prozent. Die Krise der traditionellen Gemeinde forderte Bistum und Gemeinden heraus. Darin lag auch eine Chance. In Münster wurde ein «jugendpädagogischer Dienstleistungsapparat»[40] aufgebaut. In Nottuln suchten junge Kapläne nach zeitgemäßen Organisationsformen. Gregor und seine Freunde nutzten die Möglichkeiten, die sich ihnen boten, ohne zu wissen, dass sie einzigartig waren. Die bisher zentralen Verbände wie die Landjugend oder das Kolpingwerk waren für sie nicht mehr interessant. Nur fünf Jahre nach Mechthilds Abschied von der Nottulner Landjugend erschien diese ihren jüngeren Brüdern als nicht mehr zeitgemäß, vielleicht auch als weniger gestaltungsoffen, weniger neu und spannend. Stattdessen halfen sie, die Messdienergemeinschaft zu erfinden. Auf Bistumsebene galten die Messdiener wenige Jahre später, verglichen mit der Katholischen Jungen Gemeinde, mit der der Bischof in Konflikt geraten war, als die pflegeleichtere Organisation.[41] Davon kam in Nottuln nichts an, und wenn, hätte es die Leiterrunde wahrscheinlich nicht interessiert. Ihr ging es um die neuartige Gemeinschaft, um religiöses und soziales Leben und Erleben vor Ort.

Messdienerinnen gab es in Nottuln in den 1970er-Jahren nicht. Aber schon bald wurden Mädchengruppen gebildet, die sich ebenfalls wöchentlich trafen, gemeinsam spielten, vielleicht auch diskutierten und Fahrten unternahmen. Anna leitete eine dieser Gruppen. Sie gehörte nicht mehr zur allerersten Gruppe von Mädchen, die das machten: «Diesen ersten Sprung, dabei zu sein von Anfang an, das hab ich nicht erlebt.» Ähnlich erging es den noch Jüngeren. Ich war zunächst Messdiener und dann auch Messdienerleiter, Matthias ebenso. Aber der Zauber verlor sich. Die Leiterrunde hörte auf, eine verschworene Gemeinschaft zu sein, wie die Gruppe um Gregor und Paul es gewesen war. «Messdiener war wahrscheinlich auch so'n Selbstgänger», sagt Matthias, «weil das alle gemacht haben. Später war ich dann auch Gruppenleiter von einer Gruppe von Messdienern. Aber damals fand ich das mit der Gruppenleitung gar nicht so toll. Das hat mir gar nicht so gut gefallen. Ich hab das auch nicht so ewig gemacht.» Für die Jüngeren lag die Faszination des Kirchlichen weniger in Leiterrunden als im gemeinschaftlichen kirchenverbundenen Tun: singen, Messfeiern vorbereiten, im Pfarrgemeinderat mitarbeiten. Wie bei meiner Mutter spielten kirchliche Hierarchien oder der traditionelle Vereinskatholizismus keine Rolle. Wir gingen nicht in den

Kirchenchor und traten keiner Bruderschaft oder Vereinigung bei. Das Gehabe von Bischöfen in Gottesdiensten mit Mitra, Scheitelkäppchen, Stab, Ring und Gefolge kam uns lächerlich vor. Wir wollten die Gemeinschaft und ein wenig auch uns selbst verwirklichen. Bei den beiden Jüngsten, Matthias und Martina, wurde die Verbindung zur Kirchengemeinde wieder lockerer.

In den 1980er-Jahren verlor der Möglichkeitsraum Kirche auch auf der Horst an Attraktivität. Martina hat keine Aufgaben in der Gemeinde mehr übernommen. Bei ihr stand der Sport im Vordergrund. «Volleyball», erinnert sie sich, «das war das Erste, was ich selbständig machen konnte und wo ich auch selbständig dann wertgeschätzt wurde, weil ich das gut konnte. Beim Kinderchor war das auch schon so, aber da war ich ja noch jünger, deshalb war Volleyball ganz entscheidend.» Martina trainierte dreimal in der Woche und spielte am Wochenende. Eine Zeit lang war Volleyball ihr Leben. Den Sport weiter betreiben zu können beeinflusste ihre Studienwahl.

Im Rückblick ist es bemerkenswert, wie viel Vertrauen in uns investiert wurde. Schlüssel zum frisch gebauten Jugendheim und Autos von Kaplänen wurden verliehen. Eltern vertrauten uns ihre Kinder für Wochenenden und wochenlange Fahrten an, ohne mehr als eine Telefonnummer der Jugendherberge oder bei Zeltlagern des nächstgelegenen Bauernhofes in der Hand zu haben. Manchmal war ich überfordert, als Sechzehn- oder Siebzehnjähriger zehn Zehn- oder Elfjährige tagelang zu beschäftigen und zu beaufsichtigen. Vielleicht ist es meinen Geschwistern ähnlich gegangen. Wir lernten beim Tun, und wir lernten schnell. Frustrationen hielten wir aus. Vielleicht waren wir Jüngeren deswegen auch so erfolgreich in Führungsfunktionen. Wir leiteten Jugendgruppen, trainierten Sportteams, waren Klassensprecher. Fremdheits- und Mangelerfahrungen verloren an Bedeutung. Die Jahre unserer Mutter waren alles in allem gute Jahre.

# 4 • Auszug

## Siebzehn A

Am 14. Dezember 1837 verstarb abends um halb acht Uhr «Catharina Elisabeth Frie, Ehefrau des Caspar Henrich Deiters Zeller Frie in der Br Horst. 29 Jahre alt». Sie hinterließ, vermerkte das Nottulner Kirchenbuch weiter,[1] «den Ehemann und ein minorennes Kind». Als Todesursache wurde «Schwindsucht» angegeben, Tuberkulose also. Arzt am Sterbebett war «Herr Dr. Beckmann zu Billerbeck». Beerdigt wurde Catharina Elisabeth Frie am 18. Dezember 1837 auf dem Pfarrkirchhof in Nottuln.

Catharina Elisabeth war das älteste Kind des Zellers oder selbständigen Bauern Bernard Heinrich Frie, der in den Aufzeichnungen eines offenbar lateinbegeisterten Pfarrers auch einmal als «Rusticus Bernardus Henricus Frÿe ex Horst» auftritt, und seiner Frau Catharina Elisabeth, die vom Kötterhof Schürmann in der Nachbarbauerschaft Stockum stammte. Das Paar hatte drei Kinder gehabt. Der Sohn Bernard Heinrich war 1817 im Alter von fünf Jahren und sechs Monaten an «Convulsionen» verstorben. Möglicherweise war er eines der Millionen Opfer des größten Vulkanausbruchs in historischer Zeit: Der Tambora in Indonesien, vor dem Ausbruch ca. 4200 m hoch, verlor nach gigantischen Explosionen 1815 mehr als 1300 Höhenmeter, gewann dafür aber einen sechs Kilometer weiten Kessel inklusive Kratersee hinzu. Aschepartikel und Schwefelsäureaerosole verdunkelten und verschleierten mehr als ein Jahr lang die Sonne in Europa und Nordamerika. Die Temperaturen fielen drastisch, Getreide und Früchte reiften im «Jahr ohne Sommer» 1816 nicht. Hungersnöte und Krankheiten waren die Folge.[2]

Die zweite Tochter von Bernhard Heinrich und Catharina Elisabeth, Maria Anna, wurde sechzehn Jahre und sechs Monate alt, bevor sie im März 1832 laut Kirchenbuch dem «Nervenfieber» erlag, das wir heute als Typhus bezeichnen. Auf Catharina Elisabeth allein ruhten nun die Hoffnungen der Eltern. Zunächst schien alles gut zu gehen. Ein Jahr nach dem Tod ihrer Schwester heiratete sie Caspar Heinrich Deiters, einen zwölf Jahre älteren nachgeborenen Bauernsohn aus dem Nachbarort Billerbeck. Gut zehn Monate später wurde eine Tochter geboren. Sie wurde auf den Namen Maria Anna getauft – wohl zur Erinnerung an die so jung gestorbene Schwester der Mutter. Dann aber verdüsterte sich das Bild erneut. Weitere Kinder wurden nicht mehr geboren. Vor dem Tuberkulosetod lag meistens ein langes Leiden, über das wir in diesem Fall nichts wissen.

Ein halbes Jahr nach dem Tod seiner Frau wollte Caspar Heinrich Deiters wieder heiraten. Seine Braut war Maria Katharina Große Herzog, bereits 38 Jahre alt, aber noch unverheiratet. Nun mussten viele Fragen geklärt werden. Der Hof war nach den Agrarreformen in das Eigentum von Bernard Heinrich Frie übergegangen und gehörte diesem auch nach der Heirat seiner Tochter noch. Er benötigte bald ein Nachfolgepaar auf dem Hof, um mit seiner Frau im Alter versorgt zu sein. Schließlich war er schon 65 Jahre alt. Fünf Jahre später würde er an «Gicht und Altersschwäche» sterben. Sein zweites Interesse galt seiner einzigen Enkelin, der er sein Eigentum gern übertragen wollte. Sie war aber erst vier Jahre alt. Aus der Sicht der Braut des Schwiegersohnes war die Lage ebenfalls kompliziert. Maria Katharina Große Herzog konnte durch die Heirat sehr spät noch eine eigenständige Existenz begründen. Das war sicherlich ein Glück. Aber sie wollte auf dem Hof, dessen Chefin sie werden sollte, auch Sicherheit für ihr eigenes Alter haben. Und für den Fall, dass sie noch Kinder gebären sollte, müsste auch für diese gesorgt sein. Wie passte das zu den Ansprüchen von Maria Anna, der vierjährigen Tochter ihres zukünftigen Mannes? Wie sollte der Hof allen Ansprüchen gerecht werden?

Die Probleme wurden in einem achtseitigen «Alimentations und Uebertrags Kontrakt»[3] gelöst. Er ist das älteste schriftliche Dokument, das sich auf unserem Hof erhalten hat. An der Vereinbarung beteiligt waren neben dem Eigentümerpaar Bernard Heinrich und Catharina Elisabeth sowie Schwiegersohn Caspar Heinrich Deiters und seiner Braut Maria Katharina Große Herzog noch der Bruder der Braut, «als Assistenz», wie es hieß. Außerdem wurde Bernhard Heinrich Schürmann, offenbar ein Bruder der Frau des Hofeigentümers, hinzugezogen und mit Handschlag als «Curator» der minderjährigen Maria Anna verpflichtet.

Der Hof, so wurde zunächst festgehalten, gehe mit Vertragsabschluss in das Eigentum von Maria Anna über. Besitzer sei aber Caspar Heinrich Deiters, und er solle das auch zunächst bleiben. Die Eheleute Frie sicherten sich ein Altenteil: «lebenslänglich Essen und Trinken, Kleidung, Wohnung, Medizin, Kurkosten und überhaupt alle Lebensbedürfnisse standesmäßig und so gut, wie der Colonatsbesitzer solches selbst genießt und zu schaffen vermag, auch die sorgfältigste Pflege, und außerdem ein jeder von ihnen jährlich fünfzehn Thaler in vierteljährlichen Raten, auch hat die Ehefrau Frie das Recht, von dem auf dem Colonate vorhanden bereiteten Flachs so viel für sich zu nehmen, als sie zu verspinnen vermag.»

Caspar Heinrich Deiters und Maria Katharina Große Herzog erhielten die uneingeschränkte Verwaltung und den Nießbrauch des Colonats bis zum dreißigsten Lebensjahr von Maria Anna. Diese werde, so sagten die Eheleute Deiters zu, «gehörig erzogen und in allen Lebensbedürfnissen unterhalten, so wie es einer Tochter vom Erbe zukommt». An ihrem dreißigsten Geburtstag sollte die Eigentümerin auch Besitzerin werden. Maria Anna war dann aber verpflichtet, dem Deiters-Paar ein Altenteil «von derselben Qualität und Quantität» zu gewähren, wie es ab Vertragsabschluss dem Frie-Paar zustand. Festgehalten wurde außerdem, dass eventuelle Kinder des Deiters-Paares auf dem Hof «erzogen und gehörig unterhalten» werden sollten. Wenn sie vom Hofe abgingen, stünde ihnen ein «Brautschatz» zu, «der für jedes in einhundert Thaler baar, in einer Kistenfüllung zu sechs Theilen, einem Pferde, zweien Kühen und einem Rinde bestehen soll». Falls Maria Anna vor ihrem dreißigsten Lebensjahr heirate und den Hof verlasse, stehe ihr «als Abfindung vierhundert Thaler baar, eine Kistenfüllung zu sechs Theilen, ein Pferd, zwei Kühe und ein Rind» zu. Der Frie-Hof gehe dann in das Eigentum des Deiters-Paares über. Der Vertrag wurde von den Männern unterschrieben. Die beiden Frauen gaben an, «schreibensunerfahren» zu sein, und machten drei Kreuze. Caspar Heinrich Deiters würde in den kommenden Jahrzehnten das Schreiben allmählich verlernen. Für einen Vertrag 1854 schaffte er noch den Hausnamen. Die Übergabe an die nächste Generation 1874 unterzeichnete auch er mit drei Kreuzen.

Durch den Text des Vertrages von 1838 scheinen die vielfältigen Überlegungen und Verhandlungen im Vorfeld hindurch. Maria Katharina Große Herzog war eine Braut fortgeschrittenen Alters, und es scheint, als sei das kein Zufall gewesen. Ob sie noch Kinder haben würde? Wenn ja, musste ihr daran gelegen sein, dass Maria Anna den Hof verließ und eines der eigenen Kinder als Erbe zum Zuge kam. Deshalb die – bedenken wir die Größe des Hofes – opulente Abfindung. Maria Anna würde eine sehr attraktive Partie sein. Wenn sie dennoch auf dem Hof verbliebe, sollten aber die eventuellen eigenen Kinder nicht deutlich schlechter gestellt sein. Mit vielen eigenen Kindern rechnete offenbar niemand. Wo hätten all die Pferde, Kühe und Rinder herkommen sollen, die als Brautschatz eingeplant waren?

Der Hof, das zeigt dieses Vertragswerk, ist das Einzige, was die Familie erhält. Es gab nach den Agrarreformen keinen Grundherrn mehr, der fürsorgepflichtig gewesen wäre. Es gab noch keinen Sozialstaat und keine Versicherung, die im Notfall hätte einspringen können. Theoretisch existierte eine kommunale Armenfürsorge. Aber die würde einem Bauern, der über eigenes Land verfügte, nicht zur Hilfe kommen. Das Überleben aller war vom Erfolg der Landwirtschaft abhängig. Deshalb verbanden alle Trauer um die Toten und Liebe und Zuneigung zu Lebenden mit wirtschaftlichen Überlegungen. Deshalb verknüpften sie eine

Vielfalt von Rechtstiteln mit dem Hof: Besitz, Eigentum, Niesbrauch, Altenteil, Brautschatz und Abfindung. Im Idealfall würden diese Rechte zu unterschiedlichen Zeiten zum Zuge kommen, den Hof nicht überlasten und allen Beteiligten eine sichere Zukunft geben.

Caspar Heinrich Deiters und Maria Katharina Große Herzog blieben die Katastrophen der vorherigen Generation erspart. Maria Anna nahm die Abfindung, heiratete und verließ die Horst. Auf dem Hof wurden zwei Kinder geboren, die beide das Erwachsenenalter erreichten: Caspar Heinrich 1839 und Hermann Caspar 1842. Caspar Heinrich heiratete 1873 und übernahm den Hof. Mittlerweile hatte sich eingebürgert, ihn nicht mehr mit «Deiters», sondern mit «Frie» anzusprechen. Der Hof definierte die Menschen, nicht der Stammbaum. Der jüngere Bruder Hermann Caspar hatte drei Monate vor dem Hoferben geheiratet und war in den Nachbarort Havixbeck gezogen. Von der Kistenfüllung zu sechs Theilen, dem Pferd, den Kühen und dem Rind, die ihm noch vor seiner Geburt in dem Vertragswerk von 1838 zugesprochen worden waren, war bei seinem Abschied keine Rede mehr. Seine Abfindung bestand laut Übergabevertrag von 1874 in einer Zahlung von 1000 Talern und einem Bett.

Der nächste Generationswechsel ist besonders, weil beide Eltern bereits verstorben waren, bevor der Hoferbe – mein Großvater – 1909 heiratete und 1910 mein Vater geboren wurde. Das neue Bauernhaus mit dem Sandsteingiebel hatte die Witwe Frie noch vollenden können. Aber sie scheint in Sorge gewesen zu sein, ob ihre Kinder ohne die ordnende Hand der Eltern zurechtkommen würden. Ihr Testament beschreibt sehr genau Möbel, Kleidung und Tischwäsche, die neben einer Barzahlung allen abziehenden jüngeren Geschwistern in gleicher Weise unabhängig von ihrem Geschlecht zustanden. Der «Universalerbe» wurde außerdem verpflichtet, seinen jüngeren Geschwistern «auf dem Colonate freie Wohnung und standesgemäßen Unterhalt in allen Lebensbedürfnissen in gesunden und kranken Tagen, einschließlich der ärztlichen Behandlung und Medizin [zu] gewähren. Wenn meine Töchter in Pension sind oder meine übrigen Söhne irgendeine Fortbildungsstelle antreten, so soll der Universalerbe auch die daraus entstehenden Kosten bis zu dreihundert Mark zahlen.» Die jüngeren Geschwister sollten sich auf dem Hof nützlich machen, solange sie dort lebten, und dafür einen festgesetzten Lohn erhalten, der bei den Jungen 150, bei den Mädchen 120 Mark jährlich betragen sollte. «Wenn meine jüngeren Söhne Soldat sind, so soll mein Universalerbe ihnen auf Verlangen Geld schicken, bis zu einhundert Mark jährlich, ohne daß ihre Abfindungssumme dadurch vermindert werden darf oder soll.»

Der Übergabevertrag von meinem Großvater an meinen Vater aus dem Jahr 1937 hält sich im Rahmen dessen, was wir aus den vorherigen Generationen kennen. Auch hier werden beide Geschlechter gleich behandelt, nur der Lohn für auf dem Hof zu leistende Arbeit unterscheidet sich. Der oft beschriebene Trend zur Verweiblichung der Aussteuer mit Wäscheschrank und Aussteuerwagen, während der Mann sich selbst und seine Arbeit in eine Ehe einbringt,[4] ist in den Übergabeverträgen meiner Vorfahren nicht zu sehen. Ein neues Element ist 1937 die Lebensversicherung, die die Eltern für die beiden Söhne abgeschlossen hatten und für deren weitere Bedienung Regelungen getroffen wurden.

Als mein ältester Bruder Hermann 1972 heiratete und den Hof von meinen Eltern übernahm, war die Situation anders, denn wir waren so viele wie noch nie. Zwar hatten Kaspar, Wilhelm und Mechthild den Hof bereits verlassen. Aber sieben Kinder lebten noch zu Hause. Die Jüngste, Martina, war erst drei Jahre alt. Es würde sehr lange dauern, bis alle – im Sprachgebrauch der früheren Verträge – vom Hof abgezogen waren. Bis dahin würden Unterhalts- und Ausbildungskosten anfallen. Außerdem war die Lebenserwartung deutlich gestiegen. Als Hermann heiratete und den Hof übernahm, war mein Vater zweiundsechzig, meine Mutter fünfzig Jahre alt. Sie würden aller Wahrscheinlichkeit nach viel länger versorgt werden müssen als alle weichenden Hofinhaber zuvor. Erschwerend kam hinzu, dass der Hof hohe Investitionen brauchte, um zukunftsfähig zu sein. Bei der Hofübergabe um 1900 war das neue Bauernhaus bereits gebaut. Mein Vater hatte nach seiner Übernahme 1937 wie alle anderen Bauern erst einmal den Krieg und die direkte Nachkriegszeit zu überstehen, bevor er Anfang der 1950er-Jahre zu investieren begann. Anfang der 1970er-Jahre aber musste mein Bruder so schnell wie möglich Grundlegendes verändern, um seiner zukünftigen Familie eine Perspektive zu geben. Während die Landwirtschaft bis zur Mitte des 20. Jahrhunderts vor allem personalintensiv gewesen war, ging es nun um finanzielles Kapital. Aus der Substanz des Hofes heraus, die all die Generationen zuvor gereicht hatte, um den Übergang zu gestalten, waren diese Probleme nicht lösbar. Meine ältesten Geschwister erinnern sich an intensive Gespräche über die Zukunft Anfang der 1970er-Jahre.

Die Hofübergabe war und blieb der «Angelpunkt aller Generationenprobleme».[5] Sie beruhte freilich 1972 auf einer neuartigen Grundlage. Es gab erstmals den Stolz der jüngeren Kinder, auf Hilfen des Hofes verzichten zu können.

Mechthild weigerte sich frühzeitig, über Aussteuer überhaupt nachzudenken. «Wenn ich ausziehe, dann werde ich mir schon Wäsche kaufen können, die ich dann mag.» Katharina fand es befremdlich, dass im Zusammenhang mit der Hofübergabe überhaupt von Geld gesprochen wurde. Den Stolz glaubten sich meine älteren Geschwister leisten zu können, weil sie am Ende eines fast dreißigjährigen Wirtschaftsbooms mit Zuversicht in ihre persönliche Zukunft blickten. Außerdem hatten sie, anders als Rusticus Bernardus Henricus Frÿe ex Horst, sein Schwiegersohn Caspar Heinrich Deiters, dessen Braut Maria Katharina Große Herzog und anders als alle anderen seit dem 19. Jahrhundert mit Hofübergaben befassten Fries einen mächtigen Freund: den Staat. Mit seiner Hilfe ergab sich eine Lösung, die von allem, was bislang ausprobiert worden war, grundsätzlich abwich:

Es gab ein Altenteilerhaus, gut 100 Meter vom Hof entfernt, mit der Hausnummer 17a. Die Trennung der Haushalte von Neu- und Altbauernfamilie wurde in den 1960er-Jahren von vielen Agrarexperten propagiert, um die Lebensverhältnisse von Stadt und Land allmählich anzugleichen. 1965 führten «in 41,7 % der Landwirtsfamilien in den Dörfern ... Jung und Alt einen gemeinsamen Haushalt; bei den nichtbäuerlichen Städtern lag der entsprechende Anteil nur noch bei 5,8 Prozent».[6] Aber diese Lösung war teuer. Wir erreichten sie mit Unterstützung des Amtes für Wohnbauförderung des Kreises Münster.[7] Der Neubau war architektonisch einfallslos und sicher nicht hochwertig. Aber er hatte zwei Etagen, zwei Badezimmer, fünf Kinderzimmer, eine Terrasse und einen Balkon. Es gab große Fenster, die meine Mutter sehr liebte. Wir zogen mit neun Personen ein.

Katharina, Gregor und Paul bekamen ein Zimmer nur für sich allein. In den Interviews gibt es unterschiedliche Meinungen zu dem Neubau: «Wir wohnten dann schon wie Leute im Dorf», erinnert sich Katharina an ihre Freude nach dem Einzug. Matthias hält die Einrichtung des Neubaus im Rückblick für zeichenhaft: «Wir hatten diesen Picasso an der Wand, das war damals auch zusammen mit der orangenen Farbe an den Vorhängen der Versuch, Modernität auszustrahlen, die Zeitenwende mitzumachen.» Matthias und Martina erinnern sich, ihr Zimmer später selbst gestaltet und zu ihrer Heimat gemacht zu haben. Paul ist skeptischer. Er habe keine besondere Beziehung zu dem Neubau entwickelt. Für ihn sei der Hof das eigentliche Elternhaus geblieben. Gregor erinnert sich daran, dass die drei Größeren selbst aushandeln konnten, wer welches Zimmer erhielt. Er sei zu seinem Erstaunen mit seinem Wunsch durchgekommen: «Südseite mit Balkon». Entscheidend sei aber im Rückblick der räumliche Abstand zum Hof gewesen. Arbeit war nicht mehr selbstverständlich. Sie musste erbeten werden. Natürlich habe er dann zugesagt und sei hingegangen. Aber die räumliche Distanz machte den Regelfall zum Ausnahmefall. Er sei «sozusagen Gastarbeiter» gewesen, wenn er zum Hof ging, sagt Matthias. Die Arbeit in Haus und Garten des Neubaus erschien Katharina, Gregor und Paul unerheblich, verglichen mit dem, was sie auf dem Hof erlebt hatten. Erst den jüngsten Geschwistern, die die Arbeitserfahrung in der Landwirtschaft nicht mehr geteilt hatten, fiel sie negativ auf.

Der Unterhalt für Eltern und jüngere Geschwister wurde nur noch zum Teil aus Mitteln des Hofes bestritten. Hinzu traten das Kindergeld (seit 1955), die Ausbildungsbeihilfe

BAföG (seit 1971) und vor allem die landwirtschaftliche Altershilfe (seit 1957). Die deutschen Agrarverbände hatten gegen den Sozialstaat, der auch in Gestalt der Krankenversicherung in der Nachkriegszeit die Höfe erreichte, zunächst Widerstand geleistet, weil sie das Ende von Selbständigkeit und Freiheit des Bauerntums befürchteten. Das war weltfremd. Schon wenige Jahre später hielten 95 Prozent der Bauern das landwirtschaftliche Altersgeld grundsätzlich für richtig, wenn es auch zu knapp bemessen sei,[8] denn die Altershilfe war, anders als die Altersrente für Arbeitnehmer, nicht lebensstandardsichernd. Auch in unserem Fall blieb sie Teil einer Mischfinanzierung. Die war insgesamt nicht üppig und konnte es bei den vielen Personen auch nicht sein. Das Gesetz hatte neben der sozialpolitischen aber auch eine agrarpolitische Seite. Es knüpfte den Leistungsbezug an die Hofübergabe. Es förderte damit den Generationswechsel und den damit meistens verbundenen Modernisierungsschub. Das galt auch in unserem Fall. Vater war 1972 mit zweiundsechzig Jahren noch nicht im Rentenalter und hätte den Hof noch ein paar Jahre halten können. Sein Vater hatte ihm den Hof zwar schon mit einundsechzig Jahren übertragen, sich aber «ein unbeschränktes Verwaltungs- und Niessbrauchsrecht» bis zur Vollendung des siebzigsten Lebensjahres vorbehalten. Doch Vaters Körper war von Jahrzehnten der Arbeit gezeichnet. Sein Wirtschaftskonzept, erfolgreich in den langen 1950er-Jahren, war immer weniger attraktiv und rentabel. Dass er das Angebot des Staats annahm, war nicht außergewöhnlich. Schon bald nach Einführung des Gesetzes sank das durchschnittliche Alter der hofübergebenden Altbauern signifikant. Die ältere Generation gewann das Gefühl, mit dem Hof nicht alle Selbständigkeit aufgeben zu müssen, nicht völlig auf die nächste Generation angewiesen zu sein.

Hermann richtete den Hof binnen weniger Jahre komplett auf Schweinezucht und Ferkelproduktion aus. Das war schmerzhaft für meinen Vater, der wie wohl auch mein Großvater mit Leib und Seele Rinderzucht betrieben hatte. Aber er war mit seinem Schmerz nicht allein. Die Zahl der Milchkuhhalter sank in Westfalen/Lippe von 1950 bis 1977 von 131 000 auf 38 000. Hatten 1973 noch 79 Prozent aller Betriebsinhaber Milchkühe gehalten, so waren es 1996 nur noch 38 Prozent.[9] Hermanns Umbau erhielt im Bundeswettbewerb «Stallanlagen für die Ferkelproduktion» 1978 unter 55 Wettbewerbern einen der drei Hauptpreise, die mit 4000 DM dotiert waren. Er sei ein gutes Beispiel für schrittweise Rationalisierung, hieß es in einem Zeitungsartikel.[10] Ein paar Jahre später brachte die Friedrich-Ebert-Stiftung sechs Vertreter des Viehzuchtamtes der chinesischen Provinz Sichuan auf den Hof.[11] Derartige auswärtige Besuche gab es in den späten 1970er- und frühen 1980er-Jahren häufiger. Auch ohne Rinderzucht blieb der Betrieb präsentabel, wenn auch in anderer Form. «Das fand ich richtig toll, dass er so richtig viele Schweine hatte», erinnert sich meine jüngste Schwester Martina an die Perspektive ihrer Kindheit. «Der war modern, der war richtig modern.»

Hermann gelang es binnen wenigen Jahren, seinen Betrieb tatsächlich zu dem von den Agrarexperten beschworenen «Einmannbetrieb» zu machen. Vater fuhr zwar jeden Tag zum Hof, fegte, reparierte, ackerte, half beim Umstallen der Tiere. Aber seine Zuarbeit dürfte nicht mehr betriebsnotwendig gewesen sein. Wir Geschwister wurden immer weniger gebraucht, schließlich nur noch bei Arbeitsspitzen in der Erntezeit. Gregor vertrat Hermann, wenn der am Wochenende Pause vom Hof und Zeit für seine Familie haben wollte. Anders als alle nachgeborenen Kinder vorhergehender Generationen, zurück bis zum Rusticus Bernardus Henricus Frÿe ex Horst und weiter ins 18., ja 17. Jahrhundert hinein, hörten wir Jüngeren allmählich auf, Bauernkinder zu sein. Wir rochen nicht mehr nach Kühen, Schweinen und Silage. Wir arbeiteten weniger, und wenn, dann kaum noch in der Landwirtschaft. Wir sahen unsere Zukunft nicht mehr dort, nahmen Berufe jenseits der Landwirtschaft wahr und begannen, von anderen Zukünften zu träumen.

## Elf

Gegen Ende ihrer Realschulzeit habe sie überlegt, sagt Mechthild, «also immer zur Schule gehen ist irgendwie auch nichts für mich. Ich würde so gerne eigenes Geld haben, kann ich nicht von der Schule runtergehen? Ich weiß noch, wie groß die Augen meiner Mutter wurden, als sie das gehört hat. Weißt du was? Es geht überhaupt nicht, was du da denkst. Die, die jetzt von der Schule abgehen bei dir, die müssen alle dasselbe machen, so lange, bis sie heiraten. Du hast jetzt die Möglichkeit, etwas zu lernen, dann kannst du ganz viele verschiedene Dinge in deinem Leben machen. Das überleg dir nochmal, ob du das wirklich willst.»

In vielen Interviews gibt es Variationen von Mechthilds Geschichte: Kinder, die an ihren Fähigkeiten zweifeln, die vielleicht auch die Lust am Lernen verlieren, die Geld in die

Hand bekommen wollen und überlegen, die Schule zu beenden. Mutter, die niemanden zwingt, aber sehr ernst und bestimmt auf die Konsequenzen hinweist und schließlich davon überzeugt, dass es besser ist, durchzuhalten. Die bereit ist, Rückschläge, Umwege, Ehrenrunden ihrer Kinder hinzunehmen, wenn das Ziel der bestmöglichen Bildung nicht aus den Augen verloren wird. «Ohne Mutter wäre ich heute, glaub ich, ein guter Landarbeiter», sagt Wilhelm. «Es könnte sein, dass ich mich irgendwann aus eigenem Antrieb bekrabbelt hätte, aber Mutter hat gesehen, was drinsitzt, und hat das gefordert und auch gefördert.» «Mutter hat sich dafür eingesetzt, dass man das, was man meinte werden zu wollen, wo man die größte Neigung und Lust zu verspürte, dass man das auch machen konnte», sagt Katharina. «Obwohl ich ein bisschen länger gebraucht habe als einige andere Geschwister, so hat sie das doch so zugelassen, hat auch Vater immer davon überzeugt.»

In den Interviews sind keine Spuren der Ungleichbehandlung von Jungen und Mädchen in Bezug auf Bildung erkennbar. Als Mechthild ihre Schulzeit beendete, lief im Landwirtschaftlichen Wochenblatt eine Serie «Was soll unsere Tochter werden?».[12] «Bauerntöchter, die nach der Volksschulentlassung ohne Rücksicht auf eine hauswirtschaftliche oder andere Berufsausbildung nur zum Geldverdienen gezwungen sind, [sind] zu bedauern», hieß es dort. Ungelernte Arbeitsplätze entsprächen nicht der Wesensart und dem Können der Bauerntöchter, und sie bereiteten nicht «auf die späteren Aufgaben als Familienmütter und Hausfrauen» vor. Eine Berufsausbildung der Töchter sollte «selbstverständlich» sein, selbst wenn die Arbeitskraft einer Tochter nach Ende der Schulbildung zu Hause nicht entbehrt werden könne. Mutter dürfte, wie Mechthilds Erinnerungen zeigen, die Bildungsemphase des Artikels geteilt haben. Sie vermittelte ihren Töchtern aber keine Präferenz für den Beruf der Bäuerin. Alle sollten genau das machen, wofür sie eine besondere Neigung verspürten. Die Ergebnisse schulischer Berufsberatungen wurden zur Kenntnis genommen, wogen aber leicht gegenüber den erklärten und begründeten Wünschen der Kinder. Nur schnelle Wege zum leichten Geld wurden kritisch gesehen. Ende der 1980er-Jahre schrieb meine Mutter: «[Kinder] sind gesund u. leben zufrieden, so weit ich weiß. Sie haben eine Ausbildung nach ihren Wünschen und sind das, bes. die Mädchen, was ich gern werden wollte. ... Heute bin ich dankbar und froh, das es so ist.»[13]

Viele Geschwister erinnern sich, dass Mutter potentiell gefährliche Übergänge in unseren Lebensläufen überbrücken half. Sie fuhr mit zu Vorstellungsgesprächen. Sie handelte mit Schuldirektoren in Coesfeld aus, dass Kaspar und Katharina zum nächsten Gymnasialschuljahr zugelassen wurden, obwohl alle Anmeldefristen längst abgelaufen waren. Angesichts ihrer überschaubaren Schulbildung scheint sie Respekt vor Verhandlungspartnern gehabt zu haben, aber keine Angst. Der Gedanke, dass sie irgendein Argument des Gegenübers nicht verstehen würde, kam ihr wohl nicht. Im Zweifelsfall fragte sie nach. Niemand von uns erinnert sich, dass sie gescheitert ist.

Das höhere Schulwesen auf dem Land wurde gerade erst ausgebaut. Lehrkräfte und bäuerlicher Nachwuchs mussten sich aneinander gewöhnen. Meine Mutter musste erst herausfinden, welche Möglichkeiten ihre Kinder besaßen. Unsere Schulkarrieren spiegeln den Wandel des Bildungssystems. Kaspar war auch deswegen im Internat, weil Gymnasien in den 1950er-Jahren für Bauernkinder unüblich und Schulbusse neu waren. Wilhelm nutzte wie viele Bauernsöhne seines Alters die landwirtschaftliche Realschule «als Sprungbrett für den beruflichen Aufstieg».[14] Katharina, Gregor, Paul, Anna und dann auch noch Matthias wechselten zu teils ungewöhnlichen Zeiten in eine weiterführende Schule, was bei Bauernkindern in den 1960er-Jahren häufiger vorkam.[15] Nach einer anschließenden Ausbildung haben sie sich im Beruf weiterqualifiziert oder auf dem zweiten Bildungsweg das (Fach-)Abitur nachgeholt und dann studiert. In mehreren Interviews schildern Geschwister, wie sie selbst herausfanden, dass ein bereits eingeschlagener Weg nicht zu ihrem Ziel passte, und dann eigenständig Abhilfe schafften. Sie habe sich an ihrer Mutter orientiert, erzählt Anna. «Und dann hab ich das genauso gemacht. Ich bin zu dem Sachbearbeiter und habe gesagt, das sieht er falsch. Der wollte es dann nochmal schriftlich haben, weil er sagte, so ging das nicht. Dann habe ich gesagt, ja, dann schicke ich das nochmal schriftlich.» Nur zwei der Kleinsten, Martina und ich, sind in den 1970er- und 1980er-Jahren einfach mit dem Schulbus zum Gymnasium gefahren, haben das Abitur abgelegt und anschließend studiert. Aus der Sicht der älteren Geschwister, für die der Begriff «Bildungspioniere» gut passt, hatten wir ein langweiliges Schulleben.

War der Einstieg in die Schule oder die Lehre geschafft, mussten wir selbst zurechtkommen. Manchmal wurde Selbständigkeit übertrieben. Gregor hatte die fünfte Klasse zunächst in der Nottulner Hauptschule gemacht. Er sollte sie 1967 an der Realschule in Coesfeld wiederholen, um gut in eine höhere Schulbildung zu starten. Weil Mutter am ersten Schultag keine Zeit hatte, lieferte Mechthild, die selbst in Coesfeld zur Schule ging, ihren kleinen Bruder an der Schule ab, die sie für die richtige hielt. Gregor wartete auf dem Schulhof die Klasseneinteilung ab und blieb am Ende als Einziger übrig. Er wurde ins Sekretariat gebracht, wo keine Anmeldung auf seinen Namen aufzufinden war. Auf Nachfragen konnte Gregor weder die Schule noch die Schulform angeben, die er besuchen sollte. Nach ein paar Telefonaten fand sich seine Einrichtung. Gregor wurde hingebracht und kam reichlich verspätet in seiner Klasse an. Der Fall war Mahnung für später. Mutter verließ sich nie wieder auf angebotene Dienste älterer Geschwister bei Einschulung oder Lehrantritt jüngerer Kinder.

Mutter interessierte sich für unsere Lernfortschritte und kontrollierte auch Hausaufgaben. Sie war aber bald nicht mehr in der Lage, inhaltlich zu beurteilen, was wir taten. Sie ging zu Elternsprechtagen. Anschließend machte sie aus den Bemerkungen der Lehrkräfte handhabbare Ratschläge und begleitete uns mit guten Wünschen. Wir mussten uns Mühe geben, das war ihr wichtig. Herausragende Leistungen erwartete niemand. Wilhelm konnte ungestraft ein Zeugnis vorlegen mit der Bemerkung, die Vier sei die Zwei des kleinen Mannes. Matthias sagt: «Ich hatte nicht das Gefühl, dass ich von meinen Eltern wegen schlechter Noten in der Schule jetzt wahnsinnig unter Druck gesetzt würde. Wenn ich jetzt das Zeugnis sehe, dann war ich wirklich ein sehr schwacher, mittelmäßiger Schüler. Ich hab' aber von zu Hause her ein positives Bild von mir. Das Thema Schule habe ich nicht so druckbesetzt in Erinnerung, wie ich's verdient gehabt hätte.»

Gregor erinnert sich an den erstaunten Blick von Vater,

als er ein Zeugnis mit einer Fünf und einer Sechs unterbreitete. «Und dann noch versetzt?» Gregor konnte erklären, dass Französisch nur ein Neigungsfach gewesen sei. «Das wurde uns am Anfang schon gesagt, dass das nicht versetzungswirksam ist, und das habe ich relativ schnell verstanden.» Damit sei Vater zufrieden gewesen und habe unterschrieben. Die inhaltliche Begleitung des Schulunterrichts durch die Eltern habe insgesamt «gegen null» tendiert, meint Gregor. «Ich war da immer ziemlich auf mich alleine gestellt, was ich aber auch nie als negativ betrachtet habe. Das reichte auch, wenn man irgendwie durchkam, und das ist doch ein gutes System. Ich hab' das auch bis zum Studium so durchgezogen, ich hab da immer gesehen, dass es gut funktioniert und dass man sich auf die Sachen konzentriert, die auch Spaß machen, und die anderen müssen irgendwie laufen.» Wenn es schwierig wurde, wurden zuerst ältere Geschwister angesprochen. Notfalls zahlten meine Eltern Nachhilfestunden. Aber das blieb die Ausnahme.

Durch die meisten Interviews zieht sich daher die Erinnerung an eine mäßige und mit mäßigem Aufwand betriebene Schulzeit. Dass ich mit ebenso mäßigem Aufwand gute Noten nach Hause brachte, gilt bis heute als ungerecht. Die Stimmung schlägt regelmäßig um, wenn über die Ausbildung, die Fachschule, das Studium, die praktische Bewährung geredet wird. Jetzt kam ein attraktives Ziel in Sicht. Jetzt, so sagen die meisten, bekam das Lernen einen Sinn, begann der Eifer und damit auch der Spaß. «Ab der Ausbildung lief es super», sagt Paul, «aber die Schulzeit selber, das hätte ich auch gut streichen können.» Sie habe «die Ausbildung gemacht», sagt Anna, «und da war ich einfach richtig. Also das hab ich sofort gemerkt, das läuft.» Nach der Ausbildung gingen die mittleren und jüngeren Kinder direkt wieder zur Schule, um eine Studienberechtigung zu erwerben. Das Studium wurde als eine bessere Ausbildung verstanden, die zum eigentlichen Ziel führte. Das war für viele von uns ein pädagogischer Beruf. Wir Geschwister können ein ganzes Ausbildungsleben professionell begleiten. Zwei Erzieherinnen mit Schwerpunkt Kindergarten haben wir zu bieten, eine Grundschullehrerin, eine Haupt- und Realschullehrerin, einen Berufsschullehrer und einen Professor. Ein Gymnasiallehrer fehlt. Aus der Perspektive der meisten meiner Geschwister ist es aber ohnehin langweilig, direkt auf das Studium zuzusteuern.

Alle Mädchen haben einen pädagogischen Beruf gewählt. Bei den Jungs sind es zwei von sieben – wenn Professor als pädagogischer Beruf zählt. Manche verweisen zur Begründung der pädagogischen Berufswahl auf den unerfüllten Berufswunsch der Mutter. Wichtiger scheint mir zu sein, dass die meisten von uns Berufe wählten, die wir aus eigener Anschauung kannten. Mit jüngeren Kindern hatten meine älteren Schwestern von klein auf zu tun. Lehrerinnen begleiteten sie durch ihr Schulleben, und manche Namen von Lehrkräften rufen sehr positive Erinnerungen hervor. Hermann übernahm den Hof. Kaspar und dann auch Wilhelm studierten Pharmazie. Einen Apotheker gab es in Nottuln. Der war, erinnert sich Kaspar, «ein angesehener Mann, der verdient gutes Geld und kann den ganzen Tag mit Leuten quasseln. Und das war der Grund, warum ich Pharmazie gemacht hab.» Gregor wollte Vermesser werden und lernte schließlich Bauzeichner, weil ihn die Art und Weise der Entstehung des Altenteilerhauses fasziniert hatte. Bei Matthias ist der Zusammenhang indirekt. Er lernte Schreiner, weil er so gern Orgel spielte und Orgelbauer werden wollte. Der Weg dorthin führte über die Schreinerlehre. Möglicherweise ist Matthias auch deswegen der Einzige, der in seiner Lehre nicht glücklich wurde. Er hatte sie von vornherein nur als Mittel zum Zweck betrachtet.

Manche von uns endeten in Berufen, die mit unseren Kindheitserfahrungen wenig zu tun hatten. Sie wurden durch die Dynamik der Ausbildung oder der Umstände in für sie neuartige Berufe gelenkt. Paul geriet nach kaufmännischer Ausbildung und Fachabitur in die Anfänge der EDV hinein. Ich blieb an der Universität hängen. Matthias entwarf, als er in einem Internat das Abitur nachholte, seine Zukunft neu. Erstaunlich ist, dass wir alle durchhielten, trotz Krisen unterwegs, und in präsentablen Positionen ankamen. Bauernkinder, so der Agrarsoziologie Ulrich Planck schon 1982, brachen höhere Schulbildungen vergleichsweise selten ab.[16] Vielleicht lag es zumindest bei meinen älteren Geschwistern auch daran, dass sie ein Leben jenseits der ewigen Arbeit wollten, die ihre Kindheit geprägt hatte.

Interessen jenseits der Schulbildung wurden gefördert, wenn Zeit dafür war. Die Möglichkeiten scheinen ungleich verteilt gewesen zu sein. Die ältesten vier wurden offenbar gefragt, ob sie ein Instrument spielen wollten. Kaspar erhielt ein Akkordeon zu Weihnachten und ergriff seine Chance. Musizieren machte sein Leben im Internat leichter. Es sicherte ihm auch einen Sonderplatz in der Familie als derjenige, der bei Festen den Chor anführte. In seinen späteren Wohnungen standen immer Musikinstrumente herum. Mechthild erhielt Gitarrenunterricht, ohne es aber nach eigener Einschätzung zu großer Meisterschaft gebracht zu haben. Hermann erhielt eine Mundharmonika, entwickelte aber wenig Talent. Wilhelm wurde gefragt und lehnte ab. «Ich hab' ihr gesagt, ich weiß, was ich gern möchte, ich brauch' das nicht.»

Als Katharina, Gregor und Paul in das Instrumentenalter kamen, wurden die Fremdarbeitskräfte verabschiedet. Jede Hand wurde nun gebraucht. «Wir waren immer schon groß», sagt Katharina, sich und ihre beiden jüngeren Brüder mit den vier Kleinsten vergleichend. Wegen eines Instruments seien sie nie gefragt worden. Gregor kann sich nicht vorstellen, dass Musik für ihn eine Option hätte sein können. Er sei nicht besonders talentiert. Außerdem: «Vater hätte ja gesagt: ‹In der Zeit, wo der eine Stunde Klavier spielt, hätte er schon mal einen halben Hof fegen können.›.» Die jüngsten vier hatten wieder mehr Zeit. Ich habe mehrere Angebote meiner Mutter abgelehnt und mich lieber mit Büchern beschäftigt. Anna lernte Gitarre, Martina Flöte. Alle Schwestern sangen früher oder später in Jugend-, Kirchen- und anderen Chören.

Mein jüngerer Bruder Matthias beantwortete die Instrumentenfrage, bevor er gefragt wurde. Er lernte die Grundzüge des Orgelspiels auf der Hammondorgel von Kaspar, wenn er dort zu Besuch oder in den Ferien war. Meine Mutter sah zwanzig Jahre nach Kaspar wieder einmal ein Kind, das freiwillig, gern und gut Musik machte. Das wollte sie fördern. «Am Tag vor Heiligabend» erzählt Matthias, «habe ich gesehen, dass da ein Lieferwagen angefahren kam, und da habe ich irgendwie geahnt: Heute ist dein Tag. Ja, und da habe ich dann die Orgel bekommen, und heute denke ich, das war echt für meine Eltern eine große Investition, solch ein Instrument zu kaufen, auch wenn das eine alte Möhre war, da war vieles schon kaputt, als ich die kriegte, das war halt ein altes, gebrauchtes Instrument, aber trotzdem, die hat sicher schon Geld gekostet. Dieses Orgelspielen, das war schon was Besonderes, das hätte man mir nicht ermöglichen müssen.» Es folgte eine kurze Karriere als Organist der Nottulner Krankenhauskapelle, die mit Matthias' Wechsel in ein gymnasiales Internat in Bad Driburg endete.

Lesen war ein anderes Feld, auf dem meine Mutter mit wechselnder Intensität die Kinder förderte und dabei auf unterschiedlich starke Gegenliebe traf. Mit Tageszeitung, Landwirtschaftlichem Wochenblatt, Kirchenzeitung, *Frau und Mutter*, einer Missionszeitschrift und der Fernsehzeitschrift gab es ein ordentliches Angebot an Printmedien. Die meisten meiner Geschwister schauten in die Zeitung, viele auch ins Wochenblatt, was meine jüngste Schwester Martina, die den Hof im Kleinkindalter verlassen hatte, sehr wunderte: «War mir unerklärlich, wie man sowas lesen kann.» Zeitungslektüre galt als akzeptierte Mittags- und Abendbeschäftigung. Bücherlesen war schwieriger. Das Angebot im Haus war bescheiden. Neue Bücher wurden nicht gekauft. Es gab zwar Schreibwarenläden am Ort, die auch Bücher verkauften. Aber der Erwerb von Büchern, die nicht unmittelbar schulrelevant waren, lag außerhalb unseres Vorstellungsvermögens. Weder im Bauernhaus noch im Neubau gab es ein Bücherregal. Aber es gab die Katholische öffentliche Bücherei. Dort durften wir sonntags nach dem Gottesdienst Bücher ausleihen. Vor allem die Mädchen haben, wenn wir den Interviews Glauben schenken, davon Gebrauch gemacht. «Die Bücherei war für mich die Rettung. Eintauchen in andere Welten. Lesen war ein gutes Ding für mich», sagt Anna. Gregor erinnert sich, an der Realschule zur Lektüre aufgefordert worden zu sein, damit seine Leistungen im Deutschen besser würden. Mechthild habe sich der Sache angenommen und ihn in die Bücherei geschleppt. Es sei aber nicht viel dabei herausgekommen. Das Lesen von Büchern ist wohl keinem der Jungen verboten worden. Aber alle scheinen den Eindruck gehabt zu haben, dass das keine wirklich gute Beschäftigung war.

War mein jüngerer Bruder Matthias die Ausnahme in Bezug auf Musik, so ich in Bezug auf Lektüre. Ich konnte weit vor der Einschulung lesen und schreiben. Ich verschlang alle Bücher in unserem Vitrinenschrank. Die Frakturschrift einiger Bibelausgaben betrachtete ich eher als sportliche Herausforderung denn als Hindernis. Dann nahm ich mir die Bestände der Katholischen öffentlichen Bücherei vor. Meine Mutter legte eine Obergrenze an Büchern fest, die ich pro Woche lesen durfte. Sie war in Sorge um meine Gesundheit. Weil der Aufsichtführende der Bücherei streng darauf achtete, dass nur altersgerechte Bücher ausgeliehen wurden, musste ich bald Bücher zwei- und dreimal lesen. Dann kamen die Geschichts- und Politikbücher meiner älteren Geschwister an die Reihe. Die beschwerten sich, ich würde nur deswegen so viel lesen, weil ich zu faul zum Arbeiten sei. Aber Mutter ließ mir den Freiraum. Immerhin führte mein Lesepensum dazu, dass ich ohne erkennbare Anstrengung mit guten Noten durch die Schule kam. Außerdem konnte ich Theater spielen, lange Gedichte aufsagen und bei Familienfesten den Conferencier geben. In den Augen meines Vaters waren das lauter schöne und beeindruckende, aber auch völlig nutzlose Fähigkeiten. Die üblichen Haus- und Hofarbeiten machte ich nicht gut. Außerdem hatte ich Angst vor Tieren. Nach dem Abitur gab er mir den Ratschlag, reich zu heiraten. Wahrscheinlich konnte er sich einfach keinen Ort vorstellen, an dem meine Fähigkeiten gebraucht würden.

«Nach wie vor vermitteln die selbständigen Landwirte ihren Söhnen und Töchtern seltener eine ‹befriedigende› oder ‹gute› Berufsausbildung als andere Väter», stellte Ulrich Planck 1970 für die westdeutsche Landjugend fest. Außerdem: «Sind drei oder mehr Kinder in der Familie, sinkt der Prozentsatz höherer Schüler weit unter den Durchschnitt.»[17] Wenn Plancks Aussagen zutreffen, waren wir ein Ausnahmefall, ebenso allerdings wie die Familie der jüngeren Schwester meiner Mutter. In ihrem lebensbilanzierenden Interview antwortet sie auf die Frage nach der Motivation, ihre Kinder «so lange wie möglich zur Schule zu schicken»: «Ich wusste, wir können unsere acht Kinder nicht mit Geld ausstatten. Die müssen irgendwann selber ihr Geld verdienen. Die müssen selbständig sein. Und wenn es damals dieses BAföG nicht gegeben hätte, wäre alles anders gelaufen. Da ist uns auch vieles zugute gekommen.»[18] Wie bei uns kamen Motivation und Gelegenheit zusammen. Bildung war die Alternative zur Versorgung über den Hof, die anders als in allen früheren Generationen nicht mehr gewährleistet werden konnte. Und unser Freund, der Staat, bot nicht nur immer bessere Bildungsmöglichkeiten. Er bezahlte auch noch, wenn wir sie wahrnahmen.

Das BAföG wurde 1971 eingeführt, ein Jahr nach den Feststellungen Plancks. Im Rahmen des sozialliberalen Reformprogramms der Regierung Willy Brandt ersetzte es die Studienförderung nach dem Honnefer Modell, einer Mischung aus Stipendium und Darlehen ohne Rechtsanspruch. Das BAföG führte ein Recht auf Förderung ein und hatte eine breitere Zielgruppe im Blick. Wir gehörten dazu, und damit änderten sich erneut Alltagswelten. Kaspar und Wilhelm hatten noch in den 1960er-Jahren studiert. Ihre Finanzierung beruhte auf dem Honnefer Modell, auf offiziellen Jobs und auf Schwarzarbeit. Wilhelm arbeitete im Betriebshilfsdienst, der von den Sozialversicherungen finanzierte Arbeitskräfte für Landwirte in Not bereitstellte. Außerdem tat er auf verschiedenen Bauernhöfen dies und das. Kaspar machte sich in Apotheken und Schulen nützlich. Alle jüngeren Geschwister studierten in den 1970er- und 1980er-Jahren. Viele von uns arbeiteten auch nebenher, mal offiziell, mal schwarz. Aber die finanzielle Basis unseres Lebens war das BAföG. Seine Leistungen begannen schon während der Schulzeit.

Das BAföG hatte drei Effekte. Erstens beendete es die bedrückende Zeit der Knappheit. Wir erhielten alle den BAföG-Höchstsatz und konnten frei darüber verfügen. Manche Geschwister berichten, dass Vater und Mutter einen kleinen Teil als Kostgeld beanspruchten. Das meiste aber blieb für uns. Wir galten allerdings von nun an als selbständig, mussten Bekleidung, den Führerschein, Urlaub selbst bezahlen. BAföG machte daher nicht reich. «Aber immerhin hatte ich dann ein bisschen Geld», sagt Martina, «wovon ich selber entscheiden konnte, was ich damit mache. Das war schon mal ein großer Fortschritt.» Anna erinnert sich an ihre Euphorie bei der ersten Schüler-BAföG-Überweisung: «Jetzt geht's bergauf!» Für Katharina fielen BAföG und der Umzug in ein eigenes Zimmer am Studienort Münster zusammen: «So richtig selber Lebensmittel einkaufen zu können, nur was man selber gut findet, das fand ich damals großartig. Ganz alleine Geld zu haben und nicht für jede Jeans oder um zum Landjugendfest zu gehen wieder um 20 Mark bitten, und ob man die wohl nötig hat, für so'n Abend usw.»

Das BAföG schuf zweitens die Grundlage für eine freie Berufswahl. «Ich hatte nicht das Gefühl», sagt Matthias, «nach der Realschule oder nach der Lehre oder so, dass ich überlegen musste, was ist da machbar aus finanzieller Sicht. Ich wusste immer: Ich kann machen, was ich will, da hatten Vater und Mutter uns ja auch bestärkt. Ich wusste immer: Am Geld liegt es nicht, wenn mir nichts einfällt. Zur Not gibt's eben BAföG für alle Bildungsgänge.» BAföG, glaubt Katharina, erleichterte es Vater, die Schul- und Universitätsbildung seiner Kinder gut zu finden, obwohl sie mit seiner Agrarwelt nichts mehr zu tun hatte. Für Mutter wie für ihre eben zitierte Schwester war es ein Segen, dass der Staat ihren Kindern die Spielräume schuf, die sie selbst in ihrer Jugend so vermisst hatten.

Das BAföG disziplinierte drittens auch. Wir wussten alle, dass wir kein Geld von zu Hause erwarten konnten, wenn die staatliche Förderung auslief. Also zogen wir unser Ding durch. Es gab keine Ehrenrunden in der Schule mehr nach Einführung des BAföG. Wer ein Studienfach gewählt hatte, brachte es bis zur Förderungshöchstdauer zu einem guten Ende und kümmerte sich dann um den Berufseinstieg. Der war manchmal etwas holprig. Meine etwas älteren Geschwister, Berufsanfänger der späten 1970er-Jahre, trafen auf einen schwierigeren Arbeitsmarkt als die ältesten vier, die noch die letzten Jahre des Wirtschaftswunders für den Berufseinstieg nutzen konnten.

In der Regel gelang der Einstieg gut. Wenn meine Geschwister von den ersten Arbeitsjahren erzählen, dann sind es positive Geschichten. Auch hier bewährte sich, dass wir das Arbeiten gelernt hatten und in Gruppen zurechtkamen. Konflikte gab es, wenn Vorgesetzte die Kreativität und Selbständigkeit, die wir mitbrachten, nicht akzeptieren wollten. Weil wir Streit zwar nicht mochten, ihn aber ausfochten, wenn er unvermeidbar schien, konnte es ein wenig scheppern, bis die Bedingungen geklärt waren. Arbeitgeber oder Vorgesetzte zogen es aber vor, unsere Eigenheiten im Interesse des Gesamtergebnisses zu ertragen.

Als sein Körper schon schmerzte, hat mein Vater gesagt, er wünsche seinen Kindern Berufe, die drei Bedingungen erfüllen: «Warm, trocken und im Sitzen». Das haben wir geschafft. Selbst Hermann, der Hoferbe, arbeitete auf Traktoren mit geschlossener Fahrerkabine und gefederten Sitzen. Allerdings haben wir alle eine Zeit lang intensiv unter Rückenschmerzen gelitten. Auch Vaters Traumland hatte Tücken.

## Zwei

«Es wurde immer, immer stiller, immer leerer zu Hause, und das fand ich ehrlich blöd.» Martina, die Jüngste, betrachtete den Auszug der Älteren mit ähnlich gemischten Gefühlen wie die ältesten Geschwister in den 1960er-Jahren die immer weiter wachsende Familie. Bei Matthias, dem Zweitjüngsten, gibt es einen Anflug dieser Trauer. Alle anderen sehen ihren Weggang als Befreiung und thematisieren den Auszug der Älteren und das Bleiben der Jüngeren nicht. Neben Hermann, der als Hoferbe zu Hause blieb, hat nur Gregor das Ende der Ausbildung nicht zum Anlass genommen, das Haus zu verlassen. Er genoss «Südseite mit Balkon» auch während des Studiums noch. Alle anderen gingen. Dabei war Münster, der Ort, an dem die meisten studierten oder nach der Ausbildung arbeiteten, gut mit dem Auto erreichbar. «Ich hätte genauso gut von zu Hause fahren können, aber ich wollte mich befreien, aus der Familie raus», sagt Kaspar. Wie Katharina nennt er den Auszug als Antwort auf meine Frage nach besonderen Glücksmomenten.

Der Auszug war keine Flucht. «Ich bin so erzogen worden, dass ich in der Lage bin, meinen eigenen Weg zu gehen», sagt Matthias. Die meisten kamen gern am Wochenende zu Hause vorbei. Die Jungs anfangs noch, um Wäsche zu waschen, später dann, um am Sonntag Kuchen zu essen und andere zu treffen. Darüber hinaus war das Elternhaus ein gedachter Zufluchtsort, ein Rettungsanker, der als solcher – Gott sei Dank – von niemandem wirklich gebraucht wurde. «Denk dran, hier ist immer einer zu Hause», lautete eine der Abschiedsformeln meiner Mutter. Anna wusste, als sie ihre erste Stelle mit Führungsverantwortung jenseits des Heimatortes annahm, «dass ich zu Hause eine sichere Bank habe. Wenn das jetzt nicht klappt, du kannst jederzeit zurückkommen. Sowohl beruflich als auch privat zurückkommen, und das ist jetzt einfach ein Test, und ich probiere das jetzt aus.»

Für die, die blieben, wuchsen die Unterschiede zwischen Werten und Normen des Altenteilerhauses und der Welt da draußen, in die wir jeden Morgen mit dem Rad hineinfuhren. Unsere Eltern behielten alte Gewohnheiten bei oder entwickelten sie neu. Mutter knetete mit immer größerer Mühe Teig für zwölf Weißbrote. Sie konnten in einem riesigen Ofen gleichzeitig gebacken werden, der nach dem Umzug in der Garage des Altenteilerhauses Platz gefunden hatte. Einige Brote wurden zerrissen und bei niedrigen Temperaturen zu Knabbeln weiterverarbeitet, einer Art westfälischem Zwieback. Der hielt lange, und wir mochten ihn gern.

Einige Brote wurden verschenkt oder verkauft. Die kleiner werdende Familie hatte einen immer geringeren Bedarf. Die Brote schmeckten weiterhin gut, aber wir schafften es einfach nicht mehr, sie zu essen, bevor sie trocken wurden. Ähnliches galt für die Vorratshaltung. Die Zahl der Einmachgläser im Keller wuchs, weil der Verbrauch abnahm. Irgendwann wurden wir unsicher, wie lange bestimmte Gläser bereits im Regal verbracht hatten.

Vater wollte sich nicht an Milch aus dem Supermarkt gewöhnen. Er holte Milch von einem Nachbarn, der noch Kühe hielt, in einem 10 Liter fassenden Eimer. Die Milch schwappte im Kofferraum gelegentlich über, das Auto begann zu riechen. Zuhause musste die Milch nicht nur getrunken werden. Wir brauchten auch eine Verwendung für die sich absetzende Sahne. Sie wurde abgeschöpft und geschlagen, bis der Eimer schließlich leer war. Matthias fand das «damals schon ein bisschen unzeitgemäß. Die Sahne gab's ja auch zu kaufen, aber trotzdem haben wir die immer irgendwie extra noch abgenommen und separiert, das fand ich ein bisschen eklig.» Vater begann, die Ränder der von Hermann gepflügten Felder nachzubearbeiten. Ob er den Abschluss als ungerade empfand oder zusätzliches Ackerland gewinnen wollte? Wir wussten es nicht, und er erläuterte es nicht. Er spannte den Pflug, mit dem er noch hinter dem Pferd gegangen war, hinter einen alten Traktor, den Matthias oder ich zu steuern hatten – hart am Rande des Grabens und immer in der Angst umzukippen.

Während vor allem Vater, aber allmählich auch Mutter auf Beharrung schalteten, bewegten sich die Jüngsten aus der kirchlichen Jugendkultur der 1970er-Jahre allmählich hinaus. Ich begann am Ende meiner Schulzeit, einen Teil des BAföG-Geldes in Schallplatten umzusetzen. Der dazugehörige Plattenspieler war ein Weihnachtsgeschenk meiner Eltern – da war ich einmal besonders gut bedacht worden. Katharina hatte mit ihrem Radio erstmals andere Klänge als Kirchen- und Volksmusik in unseren Alltag gebracht. Gregor und Paul konnten mit Kassettenrekordern Musik festhalten. Möglicherweise begann mit meinen Platten die Zeit der Musikstars bei uns, obwohl schon Gregor eine Udo-Lindenberg-Kassette gekauft hatte und dessen Sprechweise zu imitieren versuchte. Auch Diskos erwähnte er schon, als Teil der Aktivitäten seiner Jugendleiterrunde im katholischen Jugendheim. Martina besuchte dann, typisch für Landkinder der 1980er-Jahre, kommerzielle Diskotheken im Nachbarort und in der Kleinstadt Coesfeld.[19] Das war meinen Eltern kaum noch zu vermitteln. Ihre jüngsten Kinder gerieten hinein in neue Jugendkulturen, die die Neubürger und ihre Kinder, die nun in immer größerer Zahl ins Dorf zogen, aus Münster und anderen Städten mitbrachten. Seit der achten Klasse fuhr ein neuer Mitschüler mit mir im Schulbus, der aus Bottrop kam. Das war eine andere Welt, die mich neugierig machte. Martina erging es ein paar Jahre später ähnlich: «Das war im Prinzip wie zwei Welten. Die eine Welt ist zu Hause, und die andere Welt ist das da draußen, aber das passt irgendwie nicht zusammen.»

In den letzten Jahren vor ihrem Abitur war Martina mit unseren Eltern allein im Altenteilerhaus. Schleichend geriet sie in die Rolle der Altenpflegerin hinein. Vater war mittlerweile fast achtzig Jahre alt. In dieser Situation habe Mutter ihr gesagt: «Du sollst das gleiche Recht haben wie die anderen. Du suchst dir auch eine Wohnung, und du ziehst da hin.» Dass Mutter auch die Jüngste gehen ließ, beeindruckt

Martina bis heute. «Das war echt ihr größtes Lebenswerk, würd ich sagen. Das hab ich damals schon gedacht, das ist echt eine Freiheit, die ich hab.» Ab 1989 waren meine Eltern allein zu Hause. Eine solche Situation hatte es seit dem Dreißigjährigen Krieg auf unserem Hof nicht gegeben.

Der Vergleich hinkt natürlich. Meinen Eltern ging es viel besser als Rusticus Bernardus Henricus Frÿe ex Horst in den 1820er- und 1830er-Jahren, dessen Kinder nach und nach an Armutskrankheiten wie Typhus oder Tuberkulose gestorben waren. Fünf meiner Geschwister wohnten noch oder mittlerweile wieder in Nottuln, als Martina das Haus verließ. Sie schauten wochentags vorbei. Am Sonntagnachmittag kamen auch diejenigen, die weiter entfernt lebten, tranken Kaffee, aßen mitgebrachten Kuchen und gingen gemeinsam spazieren. Mutter leitete eine Strickgruppe, die Decken für das Projekt einer Nottulner Ordensschwester in Namibia fertigte.[20] Sie besuchte Kranke und versorgte den Haushalt. Vater spielte Doppelkopf mit seinen Rinderzuchtfreunden von einst, verstärkt um weitere ältere Bauern. Ausfälle durch Tod wurden routiniert und mit selbstironischem Witz ersetzt. Bei ihm machten sich zuerst die Schwierigkeiten des Alters bemerkbar.

Am 1. Juli 1994 wurde Mutter bei einem Verkehrsunfall getötet. Sie wurde nur zweiundsiebzig Jahre alt. Das war ein Schock. Wir hätten uns gern von ihr verabschiedet. Noch viel lieber hätten wir sie sehr alt werden sehen. Schließlich haben wir alle das Gefühl, durch ihre Hilfe in die beruflichen Bahnen gekommen zu sein, die uns heute prägen. Wir hätten ihr gern gezeigt, dass die von ihr begonnenen Geschichten gut weitergegangen sind. Ein Jahr nach meiner Mutter starb mein Vater. Er war allein nur schwer zurechtgekommen. Sein Tod war vorhersehbarer. Aber er war über die Jahre so etwas wie ein Patriarch geworden, der nun fehlte. Das Altenteilerhaus ist seitdem vermietet. Die Familie kommt nach wie vor am ersten Wochenende nach Weihnachten mit Kindern und Kindeskindern zusammen. Wenn wir uns in Nottuln treffen, pilgern wir nach dem Kaffee zum Grab meiner Eltern und singen ihnen Weihnachtslieder. Wir stellen uns vor, dass Mutter auf ihrer Wolke dann strahlt. Vater wird denken, dass wir es so schlecht nicht machen, aber noch Doppelkopf spielen müssen. Mit Geld. Wegen der «Andacht».

## 5 •
# Nachwelten

Im Sommer 2021 lud mich eine Tübinger Kollegin ein, einen Vortrag im Rahmen einer Ringvorlesung zu halten. «First Generation – Bildungsaufstieg» stand in der Betreffzeile. Ich sagte zu, bekam dann aber Zweifel. In Bezug auf das Universitätsstudium bin ich «First Generation», das stimmt. Aber in Bezug auf die Rinderzüchterwelt bin ich «Last Generation». Ich kann ganz viele Dinge nicht mehr, die mein Vater konnte: Vererbungsqualitäten von Bullen an deren äußerer Gestalt ablesen, Ferkel mit dem Taschenmesser kastrieren, fließend Plattdeutsch reden, Besen binden, das Wetter aus dem Zug der Wolken und der Farbe des Sonnenuntergangs vorhersagen. Außerdem bin ich im Vergleich zu ihm ein miserabler Doppelkopfspieler. In Bezug auf den Katholizismus meiner Mutter steht es nicht viel besser. Ich kann weder die Namen der Apostel noch die «Gesätze» des Rosenkranzes aufsagen. Ich stehe keiner katholischen Vereinigung vor. Bei Kirchenliedern – Marienlieder ausgenommen – bin ich allerdings textsicher. Und anders als meine Mutter werde ich im Katholizismus nicht alt. Im Gottesdienst bin ich einer der Jüngsten. Schon sechzig Jahre lang. Nur im Tübinger Studierendengottesdienst ist das anders.

Bin ich ein Aufsteiger? Meine Wohnung ist viel kleiner

als der Wohnbereich des Hofes meiner Eltern. Ich besitze kein Land, kein Haus, keine Tiere, keine Apfelbäume und keine Feuerstelle. Mein Vater war in den 1950er-Jahren ein angesehener Rinderzüchter mit Kühen auf DLG-Schauen, einer Parade von Ehrenurkunden nahe dem Hauseingang und stolzen Verkaufserlösen auf dem Zuchtviehmarkt. Ich habe einen Professorentitel und eine lange Publikationsliste. Läuft das nicht eher auf ein solides Unentschieden hinaus? Umstieg statt Aufstieg? Wenn ich mich aber auf einen dieser Begriffe festlege – was ist dann gewonnen für die Geschichte meiner Geschwister im Ganzen? Wird nicht jede und jeder von ihnen vor dem Hintergrund seiner oder ihrer Erfahrungen die Frage anders beantworten?

Auf- und Abstieg sind nicht gut geeignet, um die Veränderungen im Ganzen zu beschreiben, die meine Eltern, meine Geschwister und ich durchlebt haben. Eher schon trifft das Bild von ineinandergeschobenen und sich überlappenden Welten.

Die erste Welt ist die verschwiegene Zeit des Nationalsozialismus. Sie hat auch in diesem Buch kein eigenes Kapitel. Sie ist aber, so glaube ich, direkt oder indirekt der Grund für vieles, was in diesem Buch beschrieben ist, vom tief verwurzelten Alltagskatholizismus über die vielen Kinder bis zur Neigung unserer Eltern wie von uns selbst, sich eher jenseits der Politik im lokalen Nahbereich zu engagieren.

Meine Eltern haben 1943 geheiratet, in einer zutiefst unsicheren Zeit, geprägt von vielen Alltagsentscheidungen, über die wir nichts wissen, die sie aber mit wachsendem Abstand von Krieg und Mangel anders bewertet haben dürften als zuvor: vom Umgang mit Juden über die Behandlung von Kriegsgefangenen, Hamsterern und familienfremden

Arbeitskräften bis hin zur Einquartierung von Flüchtlingen und Vertriebenen. Diese Erfahrungen dürften ihr Leben stärker geprägt haben, als ihnen und uns bewusst war. Ganz überraschend konnte das an die Oberfläche treten. Als mein kleiner Bruder 1966 geboren wurde, wollte mein Vater ihn David nennen. Meine Mutter lehnte ab: David sei ein jüdischer Name, und niemand könne wissen, ob die Nazis noch einmal zurückkehrten. Ihr Sohn solle dann keine Schwierigkeiten haben. Die Erfolge der NPD bei Landtagswahlen 1966 bilden den Hintergrund für diese Aussage. Aber es geht auch um Mutters – und letztlich auch Vaters – Grundüberzeugung, dass Politik ein Schicksal sei, das man kaum ändern könne und mit dem man sich daher besser irgendwie arrangiere. Am Ende wurde David der zweite Name meines kleinen Bruders. Immerhin ist er damit der Erste, dessen zweiter Name nicht der seines Patenonkels ist oder sonst einen familiären Hintergrund hat.

Die zweite Welt ist die Rinderzüchterwelt meines Vaters. Es gab sie schon, als er den Hof übernahm, aber sie wuchs in den 1950er-Jahren zu einer wirklich großen Sache. Sie prägte das Leben der Familie: von der Alltagsarbeit auf der Tenne und dem Rübenacker über den monatlichen Zuchtviehmarkt bis hin zur festtäglichen Visite. Meine ältesten Geschwister haben diese Welt noch bewohnt und sind von ihr geprägt, auch wenn sie sich schließlich von ihr abgewandt haben. Hermann hat den Bauernhof eine Generation weitergeführt, mit einem ganz anderen Wirtschafts- und Arbeitskonzept, als sein Vater es verfolgt hatte. Dennoch sieht er auch noch seine Schweinehaltung mit dem Konzept des Vaters verbunden: Nicht nur Vater sei «ein passionierter Züchter» gewesen. Das «steckte auch in mir drin, ich musste züchterisch irgendwie tätig sein». Kaspar hätte sein Leben beinahe in die katholische Welt der 1950er-Jahre investiert und den Weg ins Priesteramt gewählt, wäre er nicht nach sieben Jahren Internat ausgestiegen. Wilhelm hätte nach landwirtschaftlicher Realschule, landwirtschaftlicher Lehre und Agraringenieurstudium einen Seiteneinstieg in die landwirtschaftliche Welt suchen können. Er zog es vor, noch einmal neu anzufangen und einer der ersten Pharmazeuten ohne Abitur zu werden. Mechthild hätte beinahe einen Bauern geheiratet, entschied sich dann aber doch für die Bildungsarbeit und den Abschied vom Hof.

Als die vier Großen erwachsen wurden, ahnten sie allenfalls, dass sie Teil einer «Last Generation» sein würden. Als sie erwachsen wurden und ihr Leben in die Hand nahmen, gab es die Züchterwelt noch. Sie haben die Möglichkeiten, die sie durch Geburt, bäuerliche Prägung und Ausbildung hatten, zu eigenständigen Lebensentwürfen genutzt, die aus der Welt ihres Vaters herausführten. Ob sie sich damals als «First Generation» bezeichnet hätten? Wahrscheinlich sind sie eher in neue Welten aufgebrochen, ohne sie hierarchisch abzustufen. Der Aufbruch der 1960er-Jahre betraf auch die ländliche Gesellschaft, wie Hermanns Neuanfang auf dem Hof zeigt.

Die dritte Welt ist die des Reformkatholizismus der langen 1960er-Jahre. Auch den Katholizismus gab es schon viel länger, aber er wurde nun über das Nachvollziehen von Ritualen hinaus für die Gläubigen gestaltbar. Meine Mutter schuf sich hier ihren Raum. Er war der bäuerlichen Welt noch verbunden, richtete sich aber auf die Gemeinde und das Dorf hin aus. Über den Reformkatholizismus und die Sichtbarkeit unserer Mutter integrierten sich die mittleren und jüngeren Kinder in die Welt des Dorfes und der Kleinstadt. Der Einstieg war schwierig. Die materielle Dürftigkeit begrenzte die Möglichkeiten – jedenfalls empfanden das viele so. Andererseits hatte der Name «Frie» im Dorf einen immer besseren Klang, der manches leichter machte. Die gerade erst entstehende Selbstorganisation Jugendlicher in Sport und Kirche bot ein Experimentierfeld.

Sozial einsortiert haben sich die Mittleren und Jüngeren in die Welt der dörflichen Handwerker, Händler und Geschäftsleute. Von da stammen unsere Partnerinnen und Partner, während die vier großen Geschwister Kinder von Bauern geheiratet haben. «Insgesamt bewegen sich die landwirtschaftlichen Berufszugehörigen auf eine Mittellage hin, die etwa der unteren und mittleren Mittelschicht in unserer Gesellschaft entspricht»,[1] heißt es in einer agrarsoziologischen Untersuchung der frühen 1980er-Jahre. Motiviert vom Bildungswunsch unserer Mutter, finanziert von unserem großen Freund, dem Staat, und getragen vom Wunsch, die immer weiter auseinanderklaffenden Welten von Zuhause und Draußen wieder in Einklang zu bringen, haben wir Jüngeren mit unseren Partnerinnen und Partnern im boomenden Dienstleistungssektor einen guten Platz gefunden. Weil die meisten von uns umwegige Schul- und Berufskarrieren durchlaufen haben, ist auch bei uns das Gefühl, «First Generation» zu sein, nicht sehr ausgeprägt. Es gibt nicht die eine Entscheidung, die uns vom Früher trennt. Den Erfahrungen und Werten unserer Herkunftswelt sind wir wahrscheinlich stärker verbunden, als es das «First» zum Ausdruck bringt.

Die vierte Welt ist die Welt der Jugendkulturen und Events, die sich in den 1980er-Jahren abzeichnete und mit der Transformation des Dorfes und seiner Annäherung an die Welt der Universitätsstadt Münster zusammenhing. Das war nicht mehr die Welt meiner Eltern. So wie mein Vater die industrielle Schweinezucht seines Sohnes und Hoferben zwar noch sah und begleitete, aber nicht mehr verstand, so war auch meine Mutter mit den Logiken der 1980er-Jahre ein wenig überfordert. Ihre Neugier war ungebrochen, ihre Bereitschaft zum Verständnis auch. Da unterschied sie sich von meinem Vater. Aber ihre Fähigkeit, den Weg mitzugehen, endete. Das ist nicht verwunderlich. Als ich 1982 das Abitur ablegte, war ich umgeben von den Sounds von Genesis, Nena und Ton Steine Scherben. «Die zweite Hälfte des Himmels könnt ihr haben», schrie die Band Fehlfarben. «Das Hier und Jetzt, das behalte ich.» Meine Mutter feierte ihren sechzigsten Geburtstag mit anderer Musik. Mein Vater wurde zweiundsiebzig. Für die jüngsten Kinder war nicht nur mein Vater, sondern auch meine Mutter nur noch eingeschränkt ein Gesprächspartner.

Hinter den ineinandergeschobenen vier Welten liegt als Langzeittrend die Auflösung der bäuerlichen Gesellschaft. Sie verlief still und zugleich rasend schnell. Die Interviews zeigen nicht nur, dass das Geschlecht einen großen Unterschied macht. Es kommt auch auf Jahrgänge an: Das Leben eines Bauernkindes mit Geburtsjahr 1946 (Kaspar) war völlig anders als das eines Kindes von 1956 (Gregor) oder gar 1966 (Matthias). Zehn Jahre bedeuteten eine Welt. Die Dynamik zeigt sich aber erst im Vergleich. Jedes Interview allein wirkt statisch. Meine Geschwister erzählen, dass es «früher» eben so war, wie es war. Sie entwerfen ihre Kindheit mit dem Grundton der Konstanz. Von dort aus setzen sie den Wandel in Gang, der ihr Leben kennzeichnet. Frappierend ist, wie unterschiedlich sie das «Früher» beschreiben und wie wenig sie über diese Unterschiedlichkeit wissen.

Meine Eltern konnte ich nicht mehr interviewen. Sie sind die ungefragten Helden dieses Buches. Sie sind aus einer guten Mittelposition in ihr gemeinsames Leben zwischen Bauerschaft Horst und Dorf gestartet, während des Krieges aber und vor dem Hintergrund großer Ungewissheit. Die Anstrengung, die aus dem ersten Familienfoto von 1947 spricht, ist kein Zufall. Sie haben den Wandel ihrer Sozialwelt mitgestaltet, indem sie keine Knechte und Mägde mehr beschäftigten, sondern Eleven und Stützen. Das war die Spätblüte der Agrarwelt in den langen 1950er-Jahren. Die bisher Kleinen, die Kötter, Knechte und Mägde, stiegen aus und gingen industriellen oder Dienstleistungsberufen nach. Die Mittleren sahen wie meine Eltern und ihre ältesten Kinder ihre Zukunft egalitär und hoffnungsvoll.

In den 1960ern beendeten meine Eltern die Zeit des auswärtigen Personals. Die Kinder übernahmen die Arbeit. Für eine kurze Zeit wurden wir wirklich ein Familienbetrieb, symbolisiert in dem zweiten Familienbild, auch wenn es wohl kurz vor dem Abgang der letzten familienfremden Arbeitskräfte entstanden ist. Doch ein personalintensiver Familienbetrieb war keine Perspektive für die Zukunft. Der Hof verlor allmählich den Kontakt zu den aktuellen landwirtschaftlichen Entwicklungen. Auch die Visiten der Bauernfamilien untereinander büßten an Glanz ein.

Mit freundlicher Unterstützung des Staates bewältigten unsere Eltern in den 1970ern den Generationswechsel und die Ausbildung der Jüngeren. Hermann baute derweil den Hof um. Wir Jüngeren verstanden uns immer weniger als Bauernkinder, auch wenn wir nicht recht hätten sagen können, was wir denn dann waren. Rentnerkinder? Sozialfälle? Beides hätte nicht gut zu unserem Selbstbild gepasst. Wir sahen uns als Selbständige, die ihr Schicksal in die Hand nahmen. Unsere Eltern ließen uns gehen. Vielleicht ist auch das eine Botschaft des dritten, des bunten und handwerklich missglückten Familienbildes. Die Welt wurde bunter, vielfältiger, und wir gestalteten sie selbst. Nicht alles gelang, aber das Vertrauen unserer Eltern begleitete uns. Ich erinnere mich, dass sie 1993 am Rande einer akademischen Festgesellschaft standen, als ich für meine Dissertation einen Preis gewann. Sie waren mörderstolz, aber auch ein wenig verwundert, dass es solche Veranstaltungen in dieser Welt tatsächlich gab.

Mittlerweile sind die meisten von uns im Rentenalter. Hermann bewohnt das Haus Horst 17 mit dem Sandsteingiebel von 1897. Einen Hoferben im bisherigen Sinn hat er nicht. Die Fläche des Hofes ist zu klein für eine selbständige Betriebsführung. Stallungen und Ländereien sind verpachtet. Als ich im August 2020 auf meiner Geschwisterinterviewreise bei ihm vorbeikam, durfte ich eine Nacht in dem Zimmer verbringen, in dem ich die ersten zehn Jahre meines Lebens geschlafen habe. Ich wartete auf die Lichteffekte, die die Autoscheinwerfer an die Wand gezaubert hatten, wenn sie auf der Dülmener Chaussee in der Nähe des Hofes Schulze Eistrup um die Ecke bogen. Es gab sie nicht mehr. Bäume fingen mittlerweile das Licht ab, bevor es unser Haus erreichte. Auch sonst wollten sich keine nostalgischen Gefühle einstellen.

Meine Geschwister betonen in den Interviews die Freiheit, die sie in ihrem Leben gewonnen haben. Wir konnten uns entscheiden: für Berufe, Partnerinnen und Partner,

Lebensmittelpunkte. Der stille Abschied vom bäuerlichen Leben war für uns kein trauriger Abschied. Er bot Chancen, die meine Mutter nicht hatte und mein Vater wahrscheinlich nicht hätte haben wollen. Dennoch bleiben wir durch unsere Herkunft geprägt. Die Welten unserer Eltern waren zwar nicht immer schon da, wie wir als Kinder geglaubt hatten. Sie waren kurz und veränderlich, wie dieses Buch gezeigt hat. Dennoch aber haben sie langfristige Folgen. Wir Geschwister tragen Spuren der Geschichte in neue Welten. Wir alle reisen in neue Zukünfte. Aber die Vergangenheit wird uns begleiten.

# Dank

Die Idee zu diesem Buch gab es schon lange. Die Zeit, es zu schreiben, gab es, als coronabedingte Reise-, Kontakt- und Archivbeschränkungen ein anderes, bereits auf dem Weg befindliches Forschungsprojekt stoppten. Viele Menschen haben dann geholfen, aus einer Idee ein Buch zu machen.

Meine Geschwister stimmten zu, Hauptrollen in einem Buch zu spielen, ließen sich interviewen und verifizierten «ihre» Zitate. Christian Wermert öffnete die Schatztruhe des Nottulner Gemeindearchivs. Leonie Waldert transkribierte die Interviews. Daniel Menning, Daniel Rothenburg, Frederike Schotters und das ganze Kolloquium Neuere Geschichte der Universität Tübingen gaben hilfreiche Hinweise zum entstehenden Manuskript. Wieder Leonie Waldert las Korrektur. Mein Lektor Ulrich Nolte ließ sich auf die Idee ein, mochte den Text und half, ein lesbares Buch daraus zu machen. Ihnen allen sei herzlich gedankt.

171 Seiten Gratwanderung zwischen Wissenschaft und Familiensinn – und dennoch: Am Ende gilt der größte Dank meinen Eltern.

## Die Geschwister

Hermann, geboren 1944
Kaspar, geboren 1946
Wilhelm, geboren 1948
Mechthild, geboren 1950
Katharina, geboren 1954
Gregor, geboren 1956
Paul, geboren 1958
Anna, geboren 1961
Ewald, geboren 1962
Helene, geboren und gestorben 1965
Matthias, geboren 1966
Martina, geboren 1969

*Die Namen wurden geändert, Geschlecht und Geburtsjahr sind geblieben.*

# Anmerkungen

## 1 •
## Familie, Bauerschaft und Dorf

1 Zwei Schreiben des Vogts Händler, 20. und 24. 12. 1771, Landesarchiv Münster, B 026, Fürstbistum Münster, Amt Horstmar 308.

2 Vgl. Hans Peter Boer: Geschichte der Sankt-Martini Bruderschaft zu Nottuln in Westfalen, in: St. Martini-Bruderschaft Nottuln (Hg.): Festschrift 600 Jahre St. Martini-Bruderschaft Nottuln 1383–1983, Nottuln 1983, S. 21–71.

3 Vgl. 2. 2. 1920: Namensliste der Bürgerwehr Horst, Gemeindearchiv Nottuln, B 982 (Bürgerwehren 1918–1921). Vgl. Ludger Grewelhörster: Aspekte des Revolutionsgeschehens 1918/19 im heutigen Kreis Coesfeld, in: Geschichtsblätter des Kreises Coesfeld 11 (1986), S. 97–106, hier S. 103.

4 Vgl. Landesarchiv Münster, B 026, Fürstbistum Münster, Amt Horstmar, 99.

5 Einwohnerverzeichnis der Gemeinde Nottuln nach Bauerschaften und Hausnummern geordnet [1937?], Gemeindearchiv Nottuln, Nachlaß Dr. Donner, Acte Nr. 3.

6 Vgl. Catharina Siebenbrock-Boer: «Wer geht freiwillig schon nach Nottuln?» Die Integration von Vertriebenen und Flüchtlingen in Nottuln, in: Geschichtsblätter des Kreises Coesfeld 32 (2007), S. 147–260, hier S. 183.

7 Vgl. Heinz Fliss u. Hans-Peter Boer: Nottuln in alten Ansichten, Zaltbommel/NL 1977.

8 Vgl. Hans-Peter Boer: «Et kann't Küern nicht hebben! Es verträgt das Gerede (darüber) nicht!» Wahrnehmungen über (m)eine

Heimat der 1950er Jahre, in: Hans-Peter Boer u. a.: Dorfleben in den Nachkriegsjahren. Nottuln 1946–1955. Aus dem Nachlass des Leica-Fotografen Johannes Weber, Steinfurt 2016, S. 10–33, hier S. 19.

9 Vgl. Nachlass Dr. Donner: Dorf und Stift Nottuln, Manuskript o. J., S. 172, in: Gemeindearchiv Nottuln.

10 Vgl. Hans-Peter Boer: Der Antoniustag in Nottuln, ein barockes Heiligenfest und sein Überleben, in: Geschichtsblätter des Kreises Coesfeld 17 (1992), S. 43–59, hier: S. 58, Fußnote 36. Allgemein Hans-Peter Boer: 100 Jahre Volksbank Nottuln, in: Volksbank Nottuln eG (Hg.): 1883–1983. Nottuln und seine Volksbank im Wandel der Zeiten, Nottuln 1983, S. 11–71.

11 Vgl. Catharina Siebenbrock-Boer: «Wer geht freiwillig schon nach Nottuln?» Die Integration von Vertriebenen und Flüchtlingen in Nottuln, in: Geschichtsblätter des Kreises Coesfeld 32 (2007), S. 147–260.

12 Ebd., S. 203.

13 Vgl. Hermann Josef Stenkamp: Wollstrümpfe aus Nottuln – die Strickerei Gebrüder Rhode, in: Hans-Peter Boer u. a. (Hg.): Dorfleben in den Nachkriegsjahren. Nottuln 1946–1955. Aus dem Nachlass des Leica-Fotografen Johannes Weber, Steinfurt 2016, S. 34–43.

## 2 •
## Die Jahre meines Vaters

1 Vgl. Helene Albers: Die stille Revolution auf dem Lande. Landwirtschaft und Landwirtschaftskammer in Westfalen-Lippe 1899–1999, Münster-Hiltrup 1999, S. 117 u. 120.

2 1916–1924: Zeugnisheft Bernhard Frye; 31. 3. 1924: Schul-Abgangs-Zeugnis Bernhard Frie; 24. 3. 1928: Abgangszeugnis Bernhard Frie, Landwirtschaftliche Schule zu Billerbeck; 1. 10. 1931: Führungs-Zeugnis Bernhard Frie, ausgestellt von Landwirth Bern. Kleimann; 3. 4. 1936: Prüfungszeugnis bäuerliche Werkprüfung Bernhard Frie, alle Quellen im Hofarchiv Frie.

3 Vgl. Gemeindearchiv Nottuln, C 33–36 und C 39–41.

4 Schraeder: Die westfälische Rotbuntzucht im Spiegel der Westfa-

lenschau, in: Landwirtschaftliches Wochenblatt für Westfalen und Lippe 107 (1950), Nr. 39 (21. 9.), S. 1311–1312.

5 Dina van Faassen: Rinderzucht im Westen. Von den ersten Zuchtverbänden zur Rinder-Union West eG, Münster 2018, S. 28.

6 Karl Rüther: Die deutschen Rotbuntzüchter auf großer Fahrt durch Westfalen, in: Landwirtschaftliches Wochenblatt für Westfalen und Lippe 112 (1955), Nr. 37 (15.9.), S. 1632. Vgl. Ruth Wehdeking: Die Viehhaltung im Ostmünsterland (Kreise Münster, Warendorf, Wiedenbrück), in: Geographische Kommission im Provinzialinstitut für westfälische Landes- und Volkskunde (Hg.): Die Viehhaltung in Westfalen von 1818 bis 1948, 1. Folge: West- und Ostmünsterland, Münster 1950, S. 31–54, hier S. 50.

7 Schraeder: Die westfälische Rotbuntzucht stellt 100 Tiere aus, in: Landwirtschaftliches Wochenblatt für Westfalen und Lippe 107 (1950), Nr. 35 (24.8.), S. 1137. Vgl. Bert Theunissen: Breeding without Mendelism. Theory and Practice of Dairy Cattle Breeding in the Netherlands 1900–1950, in: Journal of the History of Biology 41 (2008), S. 637–676; Bert Theunissen: Breeding for Nobility or for Production? Cultures of Dairy Cattle Breeding in the Netherlands, 1945–1995, in: ISIS 103 (2012), S. 278–309.

8 Westfalens Rotbuntzucht auf der DLG-Schau in Hamburg, in: Landwirtschaftliches Wochenblatt für Westfalen und Lippe 108 (1951), Folge 21 (24.5.), S. 771–772.

9 Vgl. Alfons Rensing: Milch seit 100 Jahren geprüft, in: 100 Jahre Milchleistungsprüfungen. 1903–2003 (Verlags-Beilage des Landwirtschaftlichen Wochenblattes Westfalen-Lippe, Ausgabe 21/2003), Münster 2003, S. 4–10, hier S. 10.

10 Alle Zahlen aus der Akte R 1710 des Gemeindearchivs Nottuln, die Viehzählungen 1872–1918 enthält.

11 Christa Wilbrand: Die Halle Münsterland 1926 bis 2001. Veranstaltungszentrum für Stadt und Region, Münster 2001, S. 27.

12 Vgl. ebd., S. 113 ff.

13 Dina van Faassen: Rinderzucht im Westen. Von den ersten Zuchtverbänden zur Rinder-Union West eG, Münster 2018, S. 89.

14 Gisbert Strotdrees: 100 Jahre Rindviehzucht in Westfalen, in: Landwirtschaftliches Wochenblatt Westfalen-Lippe 149 (1992), H. 9, S. 54–60, hier S. 58.

15 Vgl. Karl Rüther: Mitgliederversammlung der westf. Rotbunt-

züchter, in: Landwirtschaftliches Wochenblatt für Westfalen und Lippe 113 (1956), S. 331–332.

16 Mathweis: Spitzenqualität und Spitzenpreise in Münster, in: Landwirtschaftliches Wochenblatt für Westfalen und Lippe 118 (1961), S. 2986.

17 Pläne, Kostenvoranschläge und Rechnungen im Hofarchiv Frie.

18 Gemeindearchiv Nottuln, C 53, C 54 und C 56.

19 Vgl. Veronika Settele: Cows and Capitalism. Humans, Animals and Machines in West German Barns, 1950–1980, in: European Review of History 25 (2018), S. 849–867, hier 851.

20 315 rotbunte Tiere nach Süddeutschland, in: Landwirtschaftliches Wochenblatt für Westfalen und Lippe 116 (1959), S. 905–906, hier 905.

21 Chronik des Amtes Nottuln, S. 240, Gemeindearchiv Nottuln, ohne Signatur.

22 Schulte-Sienbeck: Erfolgreiche Zuchttiere auf der DLG-Schau 1950, in: Landwirtschaftliches Wochenblatt für Westfalen und Lippe 107 (1950), S. 815–816.

23 Helene Albers: Die stille Revolution auf dem Lande. Landwirtschaft und Landwirtschaftskammer in Westfalen-Lippe 1899–1999, Münster-Hiltrup 1999, S. 53.

24 Christian Sell: Drei Jahrzehnte Rinderbesamung in der Bundesrepublik Deutschland. Eine Rückschau, Schleswig 1976, S. 110.

25 Vgl. Karl Rüther: Die westfälische Rotbuntzucht in Vergangenheit und Gegenwart, in: Landwirtschaftliches Wochenblatt für Westfalen und Lippe 115 (1958), S. 1015–1016.

26 Stammbullenschau der «Rotbunten» in Münster, in: Landwirtschaftliches Wochenblatt für Westfalen und Lippe 117 (1960), S. 2406.

27 Deutsche Rotbuntschau in Münster. Interessantes von der Generalversammlung des Westfälischen Rinderstammbuches, in: Landwirtschaftliches Wochenblatt für Westfalen und Lippe 1967, Heft 6, 9. 2. 1967, S. 31.

28 Schulte Sienbeck: Haben sich Risiko, Aufwand und Arbeit gelohnt? In: Landwirtschaftliches Wochenblatt für Westfalen und Lippe 123 (1966), H. 21, S. 8–9.

29 Gravert: Tierschauen am Scheideweg? In: Landwirtschaftliches Wochenblatt für Westfalen und Lippe 123 (1966), H. 21, S. 6–7.

30 Westfalens Spitzentiere im Wettstreit, in: Landwirtschaftliches Wochenblatt für Westfalen und Lippe 123 (1966), H. 19, S. 8–12.

31 Julius Otto Müller: Die Einstellung zur Landarbeit in bäuerlichen Familienbetrieben. Ein Beitrag zur ländlichen Sozialforschung, dargestellt nach Untersuchungen in vier Gebieten der Bundesrepublik, Bonn 1964, S. 108–109.

32 Ulrich Planck: Der bäuerliche Familienbetrieb zwischen Patriarchat und Partnerschaft, Stuttgart 1964, S. 59.

33 Julius Otto Müller: Die Einstellung zur Landarbeit in bäuerlichen Familienbetrieben. Ein Beitrag zur ländlichen Sozialforschung, dargestellt nach Untersuchungen in vier Gebieten der Bundesrepublik, Bonn 1964, S. 103.

34 Viehzählung 1949: Gemeindearchiv Nottuln C 55; Viehzählung 1954: Gemeindearchiv Nottuln C 56.

35 Peter Exner: «Die Technik läßt sie nicht mehr los, ob sie wollen oder nicht wollen». Die Verwissenschaftlichung der Agrarproduktion in den Landwirtschaftsschulen (1920er–1970er Jahre), in: Karl Ditt, Rita Gudermann u. Norwich Rüße (Hg.): Agrarmodernisierung und ökologische Folgen. Westfalen vom 18. bis zum 20. Jahrhundert, Paderborn u. a. 2001, S. 169–196, hier 184.

36 Helene Albers: Die stille Revolution auf dem Lande. Landwirtschaft und Landwirtschaftskammer in Westfalen-Lippe 1899–1999, Münster-Hiltrup 1999, S. 98.

37 Communalsteuer-Rolle der Gemeinden des Amtes Nottuln, 1879/80, Gemeindearchiv Nottuln, B 302.

38 Communalsteuer-Rollen der Gemeinden des Amtes Nottuln, 1882/83, Gemeindearchiv Nottuln, B 303.

39 Personenstandsliste der Gemeinde Nottuln, Bauerschaft Horst (Häuserbuch), 1905–1910, Gemeindearchiv Nottuln, B 1040.

40 So auch Dietmar Sauermann: Knechte und Mägde in Westfalen um 1900, 2. Aufl. Münster 1979, S. 11–12.

41 Vgl. Helene Albers: Bäuerliche Familien zwischen Agrarmodernisierung und gesellschaftlichem Wertewandel, in: Matthias Frese, Julia Paulis u. Karl Teppe (Hg.): Demokratisierung und gesellschaftlicher Aufbruch. Die sechziger Jahre als Wendezeit der Bundesrepublik, Paderborn u. a. 2003, S. 39–61, hier S. 45.

42 März-Auktion der «Rotbunten Westfalen» in Münster, in: Land-

wirtschaftliches Wochenblatt für Westfalen und Lippe 117 (1960), Nr. 12 (17.3.), S. 696.

43 Immer mehr Gefrieranlagen in bäuerlichen Haushaltungen, in: Landwirtschaftliches Wochenblatt für Westfalen und Lippe 120 (1963), Folge 43 (24.10.), S. 3018.

44 Ulrich Planck: Landjugend im sozialen Wandel. Ergebnisse einer Trenduntersuchung über die Lebenslage der westdeutschen Landjugend, München 1970, S. 115–117.

45 Ebd., S. 27.

46 Vgl. Andreas Eichmüller: Landwirtschaft und bäuerliche Bevölkerung in Bayern. Ökonomischer und sozialer Wandel 1945–1970. Eine vergleichende Untersuchung der Landkreise Erding, Kötzting und Obernburg, [München] 1997, S. 285.

47 Vgl. ebd., S. 174.

48 Gertrud Osterloh: Hart und demütigend ohne Ausbildung, in: Landwirtschaftliches Wochenblatt für Westfalen und Lippe 121 (1964), Folge 40 (1.10.), S. 79.

49 Vgl. Ulrich Planck: Situation der Landjugend. Die ländliche Jugend unter besonderer Berücksichtigung des landwirtschaftlichen Nachwuchses, Münster-Hiltrup 1982, S. 26.

50 Fastenhirtenbrief Bischof Keller 25. 1. 1952, zitiert nach Wilhelm Damberg: Abschied vom Milieu? Katholizismus im Bistum Münster und in den Niederlanden 1945–1980, Paderborn u. a. 1997, S. 187.

51 Vgl. Wilhelm Damberg: Moderne und Milieu (1802–1998), Münster 1998, S. 342.

52 Merkbuch. Aus den Lehrjahren des Lehrlings in der ländlichen Hauswirtschaft Elisabeth Schrage, 3. 4. 1940 – 3. 4. 1941, in Nottuln, Horst 1, bei Schulze Eistrup, Hofarchiv Frie.

53 Vgl. Hugo Frieling: Daruper Geschichten, Bd. 1, Münster 2011, S. 85.

54 Dietmar Sauermann (Hg.): Weihnachten in Westfalen um 1900, Münster 1979, S. 17.

55 O. Dat.: «42 Teilnehmer bei der Fuchsjagd», in: Westfälische Nachrichten, Zeitungsausschnittsammlung Hofarchiv Frie.

56 Frank Nienhaus: Transformations- und Erosionsprozesse des katholischen Milieus in einer ländlich-textilindustrialisierten Region. Das Westmünsterland 1914–1968, in: Matthias Frese u.

Michael Prinz (Hg.): Politische Zäsuren und gesellschaftlicher Wandel im 20. Jahrhundert. Regionale und vergleichende Perspektiven, Paderborn 1996, S. 597–629, hier S. 620.

57 Wilhelm Damberg: Abschied vom Milieu? Katholizismus im Bistum Münster und in den Niederlanden 1945–1980, Paderborn u. a. 1997, S. 384–415.

58 «Dreimal Geschwister Frie», Zeitungsausschnitt ohne Datumsangabe, Hofarchiv Frie.

59 O. Dat.: «Beste Redner der Landjugend», in: Westfälische Nachrichten, Zeitungsausschnittsammlung Hofarchiv Frie.

60 Wilhelm Damberg: Abschied vom Milieu? Katholizismus im Bistum Münster und in den Niederlanden 1945–1980, Paderborn u. a. 1997, S. 408–415.

## 3 • Die Jahre meiner Mutter

1 Text nach Rückfragen bei den Geschwistern rekonstruiert, eine schriftliche Fassung existiert offenbar nicht mehr. Die Geschwister erinnern sich unterschiedlich an einzelne Wörter, der Text im Ganzen ist aber gleich.

2 Friederike Habel: Die Arbeit der Bauersfrau heute, in: Landwirtschaftliches Wochenblatt für Westfalen und Lippe 120 (1963), Folge 26 (27.6.), S. 1885.

3 Undatierte autobiographische Notiz, im Alter von 67 Jahren für ein Seminar verfasst, im Hofarchiv Frie.

4 Hans-Josef Kellner: Kriegs- und Nachkriegsjahre in Bornefeld. Aus der Chronik der Schule Bornefeld, in: Auf Klei und Sand 10 (2017), S. 3–67.

5 3. 3. 1936: Bescheinigung Pfarramt Wadersloh, Hofarchiv Frie.

6 Dietmar Sauermann: Knechte und Mägde in Westfalen um 1900, 2. Aufl. Münster 1979, S. 160, vgl. S. 20–21.

7 Vgl. Ida Haffert und Ingeborg Haffert: Darum bin ich eine reiche Frau, in: Ulrike Siegel (Hg.): Wolltest du Bäuerin werden? Bauerntöchter im Gespräch mit ihren Müttern, 2. Aufl. Münster 2009, S. 6–21; Ingeborg [Haffert]: Von strammen Köpfen und dem schönsten Grabstein der Welt, in: Ulrike Siegel (Hg.): «Gespielt

wurde nach Feierabend». Bauerntöchter erzählen ihre Geschichte, Münster 2004, S. 19–26.

8 Ida Haffert und Ingeborg Haffert: Darum bin ich eine reiche Frau, in: Ulrike Siegel (Hg.): Wolltest du Bäuerin werden? Bauerntöchter im Gespräch mit ihren Müttern, 2. Aufl. Münster 2009, S. 6–21, hier S. 12.

9 Ebd., S. 20.

10 Undatierte autobiographische Notiz, im Alter von 67 Jahren für ein Seminar verfasst, im Hofarchiv Frie.

11 Alle Zeugnisse im Hofarchiv Frie.

12 Ida Haffert und Ingeborg Haffert: Darum bin ich eine reiche Frau, in: Ulrike Siegel (Hg.): Wolltest du Bäuerin werden? Bauerntöchter im Gespräch mit ihren Müttern, 2. Aufl. Münster 2009, S. 6–21, hier S. 14–15.

13 Heinrich Schölling: Kaiser, Führer, Kanzler. Das Leben in wechselvoller Zeit 1914–1954, Münster 2020, S. 124–125, sowie Heinz Böwing: Bomber, Bunker und Baracken. Als der 2. Weltkrieg in die Baumberge kam. Der Versuch einer Rekonstruktion, Hamburg 2020, S. 172–175.

14 Ida Haffert und Ingeborg Haffert: Darum bin ich eine reiche Frau, in: Ulrike Siegel (Hg.): Wolltest du Bäuerin werden? Bauerntöchter im Gespräch mit ihren Müttern, 2. Aufl. Münster 2009, S. 6–21, hier S. 18.

15 Undatierte autobiographische Notiz, im Alter von 67 Jahren für ein Seminar verfasst, im Hofarchiv Frie.

16 29. 11. 1943: Ehe- und Erbvertrag Bernhard Frie und Elisabeth Frie geb. Schrage, im Hofarchiv Frie.

17 H. Sch.: Mundart – ja oder nein? in: Landwirtschaftliches Wochenblatt für Westfalen und Lippe 120 (1963), Folge 11 (14.3.), S. 729.

18 Register der Hausstättenschatzung im Amt Horstmar 1679, Landesarchiv Münster, Fürstbistum Münster B 26, Amt Horstmar 99.

19 Frank Nienhaus: Transformations- und Erosionsprozesse des katholischen Milieus in einer ländlich-textilindustrialisierten Region. Das Westmünsterland 1914–1968, in: Matthias Frese u. Michael Prinz (Hg.): Politische Zäsuren und gesellschaftlicher Wandel im 20. Jahrhundert. Regionale und vergleichende Perspektiven, Paderborn 1996, S. 597–629, hier S. 621.

20 Vgl. Birgit Aschmann u. Wilhelm Damberg (Hg.): Liebe und tu, was du willst? Die «Pillenenzyklika» Humanae vitae von 1968 und ihre Folgen, Paderborn u. a. 2021.

21 Hierzu Wilhelm Damberg: Moderne und Milieu (1802–1998) (Geschichte des Bistums Münster, hg. v. Arnold Angenendt 5), Münster 1998, S. 330–332. Einen Eindruck vom Rückgang des Kirchenbesuchs vermitteln die Graphen S. 377 ff.

22 Ebd., S. 357–363.

23 Ida Haffert und Ingeborg Haffert: Darum bin ich eine reiche Frau, in: Ulrike Siegel (Hg.): Wolltest du Bäuerin werden? Bauerntöchter im Gespräch mit ihren Müttern, 2. Aufl. Münster 2009, S. 6–21, hier S. 17.

24 Vgl. Helene Albers: Selbstversorgung und Geschlechterrollen in der bäuerlichen Landwirtschaft Westfalens von 1920 bis 1960, in: Westfälische Forschungen 61 (2011), S. 21–40, hier S. 38–39.

25 Liselotte Langner, Lienen: Liebeserklärung an ein bezauberndes Fräulein, in: Landwirtschaftliches Wochenblatt für Westfalen und Lippe 115 (1958), Nr. 50 (11.12.), S. 2651–2652.

26 D. Burchert: Vom Riechen und Beriechen, in: Landwirtschaftliches Wochenblatt für Westfalen und Lippe 121 (1964), Folge 38 (17.7.), S. 63–64. Außerdem P. Eckardt: Lästiger Körpergeruch muss nicht sein, in: Landwirtschaftliches Wochenblatt für Westfalen und Lippe 121 (1964), Folge 23 (4.6.), S. 46.

27 Probemelkbuch 1965–1968, Hofarchiv Frie.

28 Vgl. Frank Uekötter: Die Wahrheit ist auf dem Feld. Eine Wissensgeschichte der deutschen Landwirtschaft, Göttingen 2010, S. 331 u. 370.

29 Vgl. Helene Albers: Die stille Revolution auf dem Lande. Landwirtschaft und Landwirtschaftskammer in Westfalen-Lippe 1899–1999, Münster-Hiltrup 1999, S. 121.

30 Zitiert nach Frank Uekötter: Die Wahrheit ist auf dem Feld. Eine Wissensgeschichte der deutschen Landwirtschaft, Göttingen 2010, S. 373.

31 Stephan Beetz: Lokale Integration und gesellschaftliche Differenzierung, in: Gerd Vonderach (Hg.): Landbewohner im Blick der Sozialforschung. Bemerkenswerte empirische Studien in der Geschichte der deutschen Land- und Agrarsoziologie, Münster 2001, S. 75–85, hier S. 79.

32 Andreas Eichmüller: Landwirtschaft und bäuerliche Bevölkerung in Bayern. Ökonomischer und sozialer Wandel 1945–1970. Eine vergleichende Untersuchung der Landkreise Erding, Kötzting und Obernburg, [München] 1997, S. 294.

33 https://www.destatis.de/DE/Themen/Arbeit/Verdienste/Verdienste-Verdienstunterschiede/Tabellen/ liste-bruttomonatsverdienste.html [Zugriff 15. 02. 2022]

34 Vgl. Peter Exner: Beständigkeit und Veränderung. Konstanz und Wandel traditioneller Orientierung und Verhaltensmuster in Landwirtschaft und ländlicher Gesellschaft in Westfalen 1919–1969, in: Matthias Frese u. Michael Prinz (Hg.): Politische Zäsuren und gesellschaftlicher Wandel im 20. Jahrhundert. Regionale und vergleichende Perspektiven, Paderborn 1996, S. 279–326, hier S. 296–306.

35 Ulrich Planck: Landjugend im sozialen Wandel. Ergebnisse einer Trenduntersuchung über die Lebenslage der westdeutschen Landjugend, München 1970, S. 150.

36 Vgl. Reinhild Kleine: «Ohne Idealismus geht es nicht». Frauen in der Landwirtschaft zwischen Tradition und Moderne, Münster u. a. 1999, S. 97.

37 Hans Karrasch: Sollen unsere Kinder Taschengeld bekommen? in: Landwirtschaftliches Wochenblatt für Westfalen und Lippe 115 (1958), S. 1999.

38 Vgl. Christine Feil: Kinder, Geld und Konsum. Die Kommerzialisierung der Kindheit, Weinheim – München 2003, S. 67.

39 Vgl. Tatjana Rosendorfer: Kinder und Geld. Gelderziehung in der Familie, Frankfurt/M. – New York 2000, S. 48.

40 Wilhelm Damberg: Moderne und Milieu (1802–1998) (Geschichte des Bistums Münster, hg. v. Arnold Angenendt 5), Münster 1998, S. 366. Die Kirchenbesucherzahlen ebd., S. 380.

41 Vgl. Wilhelm Damberg: Abschied vom Milieu? Katholizismus im Bistum Münster und in den Niederlanden 1945–1980, Paderborn u. a. 1997, S. 339–383.

## 4 • Auszug

1 Alle folgenden Angaben zu Geburten, Heiraten und Todesfällen aus dem 18. und 19. Jahrhundert ermittelt aus den online verfügbaren Kirchenbüchern: https://data.matricula-online.eu/de/deutschland/muenster/nottuln-st-martinus/?by_type=Alle&year_from=1647&year_to=1923#register-header [Zugriff 18. 02. 2022]

2 Vgl. Senta Herkle u. a. (Hg.): 1816 – Das Jahr ohne Sommer. Krisenwahrnehmung und Krisenbewältigung im deutschen Südwesten, Stuttgart 2019.

3 Alle Übergabeverträge, die nachstehend behandelt werden, befinden sich im Hofarchiv Frie.

4 Vgl. Andrea Hauser: Die Aussteuer – Mythos und Wirklichkeit. Von der Ausstattung zur weiblichen Aussteuer, in: Hermann Heidrich (Hg.): Frauenwelten. Arbeit, Leben, Politik und Perspektiven auf dem Land, Bad Windsheim 1999, S. 41–58.

5 Karl Friedrich Bohler: Bäuerliche Familien und bäuerlicher Familienbetrieb, in: Gerd Vonderach (Hg.): Landbewohner im Blick der Sozialforschung. Bemerkenswerte empirische Studien in der Geschichte der deutschen Land- und Agrarsoziologie, Münster 2001, S. 96–105, hier S. 100.

6 Helene Albers: Bäuerliche Familien zwischen Agrarmodernisierung und gesellschaftlichem Wertewandel, in: Matthias Frese, Julia Paulis u. Karl Teppe (Hg.): Demokratisierung und gesellschaftlicher Aufbruch. Die sechziger Jahre als Wendezeit der Bundesrepublik, Paderborn u. a. 2003, S. 39–61, hier S. 46.

7 28. 11. 1973: Bescheid des Amtes für Wohnbauförderung, Hofarchiv Frie.

8 Bernd van Deenen: Zur Frage der sozialen Sicherung landwirtschaftlicher Familien in der Bundesrepublik Deutschland. Ergebnisse einer empirischen Untersuchung in bäuerlichen Familienbetrieben 1959/60 und 1964/65, Bonn 1966, S. 26–27.

9 Dina van Faassen: Rinderzucht im Westen. Von den ersten Zuchtverbänden zur Rinder-Union West eG, Münster 2018, S. 120.

10 «Erster Preis ging nach Nottuln», Münsterische Zeitung 17. 11. 1978.

11 «Chinesen besichtigen Schweine-Zuchtbetrieb», Westfälische Nachrichten 12. 4. 1984.

12 Gertrud Bayer-Eynck: Was soll unsere Tochter werden?, in: Landwirtschaftliches Wochenblatt für Westfalen und Lippe 122 (1965), Folge 4 (28.1.), S. 65–66. Die weiteren Folgen in den nächsten Ausgaben des Blattes.

13 Undatierte autobiographische Notiz, im Alter von 67 Jahren für ein Seminar verfasst, im Hofarchiv Frie.

14 Andreas Eichmüller: Landwirtschaft und bäuerliche Bevölkerung in Bayern. Ökonomischer und sozialer Wandel 1945–1970. Eine vergleichende Untersuchung der Landkreise Erding, Kötzting und Obernburg, [München] 1997, S. 303. Zum ländlichen Bildungswesen insgesamt S. 297–311.

15 Vgl. Ulrich Planck: Landjugend im sozialen Wandel. Ergebnisse einer Trenduntersuchung über die Lebenslage der westdeutschen Landjugend, München 1970, S. 66.

16 Ulrich Planck: Situation der Landjugend. Die ländliche Jugend unter besonderer Berücksichtigung des landwirtschaftlichen Nachwuchses, Münster-Hiltrup 1982, S. 63.

17 Ulrich Planck: Landjugend im sozialen Wandel. Ergebnisse einer Trenduntersuchung über die Lebenslage der westdeutschen Landjugend, München 1970, S. 49 u. 69.

18 Ida Haffert und Ingeborg Haffert: Darum bin ich eine reiche Frau, in: Ulrike Siegel (Hg.): Wolltest du Bäuerin werden? Bauerntöchter im Gespräch mit ihren Müttern, 2. Aufl. Münster 2009, S. 6–21, hier S. 21.

19 Vgl. Reinhild Kleine: «Ohne Idealismus geht es nicht». Frauen in der Landwirtschaft zwischen Tradition und Moderne, Münster u. a. 1999, S. 106–107; Gunter Mahlerwein: Zwischen ländlicher Tradition und städtischer Jugendkultur? Musikalische Praxis in Dörfern, in: Franz-Werner Kersting u. Clemens Zimmermann (Hg.): Stadt-Land-Beziehungen im 20. Jahrhundert. Geschichts- und kulturwissenschaftliche Perspektiven, Paderborn 2015, S. 113–136.

20 «Kindern und Kranken in Namibia helfen», in: Westfälische Nachrichten 15. 10. 1992.

## 5 •
## Nachwelten

1 Planck, Ulrich: Situation der Landjugend. Die ländliche Jugend unter besonderer Berücksichtigung des landwirtschaftlichen Nachwuchses, Münster-Hiltrup 1982, S. 102.

# Quellen

Interviews mit den Geschwistern Frie, geführt August 2020, Audiodateien und Transkriptionen im Besitz des Verfassers. Die Zitate sind für den Druck sprachlich geglättet worden. Bei Kürzungen wurde auf Auslassungszeichen verzichtet.

Hofarchiv Frie

Landesarchiv Münster

- B 026, Fürstbistum Münster, Amt Horstmar 99 u. 308

Gemeindearchiv Nottuln

- Chronik des Amtes Nottuln
- Nachlass Dr. Donner
- B 302, B 303, B 982 u. B 1040
- C 33–36, C 39–41, C 53–56
- R 1710

Landwirtschaftliches Wochenblatt für Westfalen und Lippe 107 (1950) – 126 (1969)

# Literatur

Albers, Helene: Selbstversorgung und Geschlechterrollen in der bäuerlichen Landwirtschaft Westfalens von 1920 bis 1960, in: Westfälische Forschungen 61 (2011), S. 21–40.

Albers, Helene: Bäuerliche Familien zwischen Agrarmodernisierung und gesellschaftlichem Wertewandel, in: Matthias Frese, Julia Paulis u. Karl Teppe (Hg.): Demokratisierung und gesellschaftlicher Aufbruch. Die sechziger Jahre als Wendezeit der Bundesrepublik, Paderborn u. a. 2003, S. 39–61.

Albers, Helene: Die stille Revolution auf dem Lande. Landwirtschaft und Landwirtschaftskammer in Westfalen-Lippe 1899–1999, Münster-Hiltrup 1999.

Aschmann, Birgit u. Damberg, Wilhelm (Hg.): Liebe und tu, was du willst? Die «Pillenenzyklika» Humanae vitae von 1968 und ihre Folgen, Paderborn u. a. 2021.

Beetz, Stephan: Lokale Integration und gesellschaftliche Differenzierung, in: Gerd Vonderach (Hg.): Landbewohner im Blick der Sozialforschung. Bemerkenswerte empirische Studien in der Geschichte der deutschen Land- und Agrarsoziologie, Münster 2001, S. 75–85.

Boer, Hans-Peter: «Et kann't Küern nicht hebben! Es verträgt das Gerede (darüber) nicht!» Wahrnehmungen über (m)eine Heimat der 1950er Jahre, in: Hans-Peter Boer u. a.: Dorfleben in den Nachkriegsjahren. Nottuln 1946–1955. Aus dem Nachlass des Leica-Fotografen Johannes Weber, Steinfurt 2016, S. 10–33.

Boer, Hans-Peter: 100 Jahre Volksbank Nottuln, in: Volksbank Nottuln eG (Hg.): 1883–1983. Nottuln und seine Volksbank im Wandel der Zeiten, Nottuln 1983, S. 11–71.

Boer, Hans-Peter: Der Antoniustag in Nottuln, ein barockes Heiligenfest und sein Überleben, in: Geschichtsblätter des Kreises Coesfeld 17 (1992), S. 43–59.

Boer, Hans-Peter: Geschichte der Sankt-Martini Bruderschaft zu Nottuln in Westfalen, in: St. Martini-Bruderschaft Nottuln (Hg.): Festschrift 600 Jahre St. Martini-Bruderschaft Nottuln 1383–1983, Nottuln 1983, S. 21–71.

Bohler, Karl Friedrich: Bäuerliche Familien und bäuerlicher Familienbetrieb, in: Gerd Vonderach (Hg.): Landbewohner im Blick der Sozialforschung. Bemerkenswerte empirische Studien in der Geschichte der deutschen Land- und Agrarsoziologie, Münster 2001, S. 96–105.

Böwing, Heinz: Bomber, Bunker und Baracken. Als der 2. Weltkrieg in die Baumberge kam. Der Versuch einer Rekonstruktion, Hamburg 2020.

Damberg, Wilhelm: Abschied vom Milieu? Katholizismus im Bistum Münster und in den Niederlanden 1945–1980, Paderborn u. a. 1997.

Damberg, Wilhelm: Moderne und Milieu (1802–1998) (Geschichte des Bistums Münster, hg. v. Arnold Angenendt, 5), Münster 1998.

Eichmüller, Andreas: Landwirtschaft und bäuerliche Bevölkerung in Bayern. Ökonomischer und sozialer Wandel 1945–1970. Eine vergleichende Untersuchung der Landkreise Erding, Kötzting und Obernburg, [München] 1997.

Exner, Peter: «Die Technik läßt sie nicht mehr los, ob sie wollen oder nicht wollen». Die Verwissenschaftlichung der Agrarproduktion in den Landwirtschaftsschulen (1920er–1970er Jahre), in: Karl Ditt, Rita Gudermann u. Norwich Rüße (Hg.): Agrarmodernisierung und ökologische Folgen. Westfalen vom 18. bis zum 20. Jahrhundert, Paderborn u. a. 2001, S. 169–196.

Exner, Peter: Beständigkeit und Veränderung. Konstanz und Wandel traditioneller Orientierung und Verhaltensmuster in Landwirtschaft und ländlicher Gesellschaft in Westfalen 1919–1969, in: Matthias Frese u. Michael Prinz (Hg.): Politische Zäsuren und gesellschaftlicher Wandel im 20. Jahrhundert. Regionale und vergleichende Perspektiven, Paderborn 1996, S. 279–326.

Feil, Christine: Kinder, Geld und Konsum. Die Kommerzialisierung der Kindheit, Weinheim – München 2003.

Fliss, Heinz u. Boer, Hans-Peter: Nottuln in alten Ansichten, Zaltbommel/NL 1977.

Frieling, Hugo: Daruper Geschichten, Bd. 1, Münster 2011.

Grewelhörster, Ludger: Aspekte des Revolutionsgeschehens 1918/19 im heutigen Kreis Coesfeld, in: Geschichtsblätter des Kreises Coesfeld 11 (1986), S. 97–106.

Haffert, Ida und Haffert, Ingeborg: Darum bin ich eine reiche Frau, in: Ulrike Siegel (Hg.): Wolltest du Bäuerin werden? Bauerntöchter im Gespräch mit ihren Müttern, 2. Aufl. Münster 2009, S. 6–21.

Haffert, Ingeborg: Von strammen Köpfen und dem schönsten Grabstein der Welt, in: Ulrike Siegel (Hg.): «Gespielt wurde nach Feierabend». Bauerntöchter erzählen ihre Geschichte, Münster 2004, S. 19–26.

Hauser, Andrea: Die Aussteuer – Mythos und Wirklichkeit. Von der Ausstattung zur weiblichen Aussteuer, in: Hermann Heidrich (Hg.): Frauenwelten. Arbeit, Leben, Politik und Perspektiven auf dem Land, Bad Windsheim 1999, S. 41–58.

Herkle, Senta u. a. (Hg.): 1816 – Das Jahr ohne Sommer. Krisenwahrnehmung und Krisenbewältigung im deutschen Südwesten, Stuttgart 2019.

Kellner, Hans-Josef: Kriegs- und Nachkriegsjahre in Bornefeld. Aus der Chronik der Schule Bornefeld, in: Auf Klei und Sand 10 (2017), S. 3–67.

Kleine, Reinhild: «Ohne Idealismus geht es nicht». Frauen in der Landwirtschaft zwischen Tradition und Moderne, Münster u. a. 1999.

Mahlerwein, Gunter: Zwischen ländlicher Tradition und städtischer Jugendkultur? Musikalische Praxis in Dörfern, in: Franz-Werner Kersting u. Clemens Zimmermann (Hg.): Stadt-Land-Beziehungen im 20. Jahrhundert. Geschichts- und kulturwissenschaftliche Perspektiven, Paderborn 2015, S. 113–136.

Müller, Julius Otto: Die Einstellung zur Landarbeit in bäuerlichen Familienbetrieben. Ein Beitrag zur ländlichen Sozialforschung, dargestellt nach Untersuchungen in vier Gebieten der Bundesrepublik, Bonn 1964.

Nienhaus, Frank: Transformations- und Erosionsprozesse des katholischen Milieus in einer ländlich-textilindustrialisierten Region. Das Westmünsterland 1914–1968, in: Matthias Frese u. Michael

Prinz (Hg.): Politische Zäsuren und gesellschaftlicher Wandel im 20. Jahrhundert. Regionale und vergleichende Perspektiven, Paderborn 1996, S. 597–629.

Planck, Ulrich: Der bäuerliche Familienbetrieb zwischen Patriarchat und Partnerschaft, Stuttgart 1964.

Planck, Ulrich: Landjugend im sozialen Wandel. Ergebnisse einer Trenduntersuchung über die Lebenslage der westdeutschen Landjugend, München 1970.

Planck, Ulrich: Situation der Landjugend. Die ländliche Jugend unter besonderer Berücksichtigung des landwirtschaftlichen Nachwuchses, Münster-Hiltrup 1982.

Rensing, Alfons: Milch seit 100 Jahren geprüft, in: 100 Jahre Milchleistungsprüfungen. 1903–2003 (Verlags-Beilage des Landwirtschaftlichen Wochenblattes Westfalen-Lippe, Ausgabe 21/2003), Münster 2003, S. 4–10.

Rosendorfer, Tatjana: Kinder und Geld. Gelderziehung in der Familie, Frankfurt/M. – New York 2000.

Sauermann, Dietmar (Hg.): Weihnachten in Westfalen um 1900, Münster 1979.

Sauermann, Dietmar: Knechte und Mägde in Westfalen um 1900, 2. Aufl. Münster 1979.

Schölling, Heinrich: Kaiser, Führer, Kanzler. Das Leben in wechselvoller Zeit 1914–1954, Münster 2020.

Sell, Christian: Drei Jahrzehnte Rinderbesamung in der Bundesrepublik Deutschland. Eine Rückschau, Schleswig 1976.

Settele, Veronika: Cows and Capitalism. Humans, Animals and Machines in West German Barns, 1950–1980, in: European Review of History 25 (2018), S. 849–867.

Siebenbrock-Boer, Catharina: «Wer geht freiwillig schon nach Nottuln?» Die Integration von Vertriebenen und Flüchtlingen in Nottuln, in: Geschichtsblätter des Kreises Coesfeld 32 (2007), S. 147–260.

Strotdrees, Gisbert: 100 Jahre Rindviehzucht in Westfalen, in: Landwirtschaftliches Wochenblatt Westfalen-Lippe 149 (1992), H. 9, S. 54–60.

Theunissen, Bert: Breeding for Nobility or for Production? Cultures of Dairy Cattle Breeding in the Netherlands, 1945–1995, in: ISIS 103 (2012), S. 278–309.

Theunissen, Bert: Breeding without Mendelism. Theory and Practice of Dairy Cattle Breeding in the Netherlands 1900–1950, in: Journal of the History of Biology 41 (2008), S. 637–676.
Uekötter, Frank: Die Wahrheit ist auf dem Feld. Eine Wissensgeschichte der deutschen Landwirtschaft, Göttingen 2010.
van Deenen, Bernd: Zur Frage der sozialen Sicherung landwirtschaftlicher Familien in der Bundesrepublik Deutschland. Ergebnisse einer empirischen Untersuchung in bäuerlichen Familienbetrieben 1959/60 und 1964/65, Bonn 1966.
van Faassen, Dina: Rinderzucht im Westen. Von den ersten Zuchtverbänden zur Rinder-Union West eG, Münster 2018.
Wehdeking, Ruth: Die Viehhaltung im Ostmünsterland (Kreise Münster, Warendorf, Wiedenbrück), in: Geographische Kommission im Provinzialinstitut für westfälische Landes- und Volkskunde (Hg.): Die Viehhaltung in Westfalen von 1818 bis 1948, 1. Folge: West- und Ostmünsterland, Münster 1950, S. 31–54.
Wilbrand, Christa: Die Halle Münsterland 1926 bis 2001. Veranstaltungszentrum für Stadt und Region, Münster 2001.